LES

HÉBERTISTES

MODERNES

Par A.-S. MORIN

(MIRON)

— ∞※∞ —

PRIX : 60 CENTIMES

— ∞※∞ —

A PARIS

CHEZ HURTEAU, LIBRAIRE

Galeries de l'Odéon, 12

ET A L'AGENCE DES JOURNAUX

Rue du Croissant, 13

—

1870

LES

HÉBERTISTES MODERNES

DU MÊME AUTEUR

LES

HÉBERTISTES

MODERNES

Par A.-S. MORIN

(MIRON)

—◦◦◇◈◇◦◦—

PRIX : 60 CENTIMES

—◦◦◇◈◇◦◦—

A PARIS

CHEZ HURTEAU, LIBRAIRE

Galeries de l'Odéon, 12

ET A L'AGENCE DES JOURNAUX

Rue du Croissant, 13

—

1870

LES

HÉBERTISTES MODERNES

I

En **1848**, l'avénement inattendu de la République causa dans la nation une sorte de stupeur qui bientôt fit place à un sentiment général d'allégresse et de confiance. La monarchie de Louis-Philippe était renversée : on comprenait qu'elle ne pouvait se relever; on crut que c'en était fait à jamais de la forme monarchique. La République réveillait des souvenirs sinistres; mais on se disait qu'en définitive, c'était le seul gouvernement possible, que le prestige des dynasties était évanoui, que le peuple rentrant en possession de sa souveraineté, était le maître de se donner les institutions qui lui conviendraient le mieux, que son sort était entre ses mains, qu'il n'avait aucun sujet de s'alarmer, puisqu'il ne dépendait de personne, et que c'était à lui à sortir de tutelle, à marcher dans sa force et dans sa liberté.

On conçut alors les plus magnifiques espérances, on crut à la réalisation des conceptions enfantées par les plus éminents philosophes; on allait donc assister au triomphe de ces grands principes proclamés en **89**; la devise LIBERTÉ, ÉGALITÉ, FRATERNITÉ, allait devenir une vérité.

Ces illusions, hélas! furent de courte durée. La perturbation générale, suite inévitable d'un changement de gouvernement, arrêta la marche des affaires commerciales et industrielles, les capitaux effrayés se cachèrent, une foule de maisons importantes furent obligées de ralentir ou de suspendre leurs opérations; une multitude d'ouvriers se trouvèrent brusquement sans ouvrage, sans moyens d'existence. On s'en prit au nouveau régime, on le rendit responsabble de tout le mal; les esprits s'aigrirent, le mécontentement se répandit peu à peu, puis l'irritation.

Mais il est une cause surtout qui contribua à dépopulariser la République. La presse était libre de toute entrave; des réunions publiques se tenaient fréquemment, et chaque jour il y affluait des hommes ardents, des novateurs impétueux qui venaient exposer devant la multitude des idées étranges, des systèmes incohérents de rénovation sociale. On y voyait éclore des utopies insensées, des rêves extravagants. Quelquesuns de ces orateurs populaires se livraient à des déclamations violentes, bien propres à jeter l'effroi, attaquaient avec véhémence toutes les institutions, et, pour régénérer la société, ne parlaient de rien moins que de faire table rase de la propriété, de la famille.

Chez une nation façonnée de longue date à l'usage de la liberté, ces intempérances de langage n'ont rien de dangereux : le public sait qu'en définitive, c'est au peuple entier qu'appartient la souveraineté, et non à une minorité, que les excentricités de tel ou tel individu n'ont aucun moyen de se traduire en faits, qu'on peut donc, sans inconvénient, laisser tout dire, qu'il suffit du bon sens du public pour faire justice de sophismes sans portée. Mais la France n'avait pas fait son éducation démocratique : habituée à ne marcher qu'avec les lisières gouvernementales, elle n'osait faire un pas sans craindre une chute. N'ayant reçu la liberté qu'à dose parcimonieuse, ayant toujours regardé l'État comme une providence qui veillait sur tout, elle ne pouvait, sans éprouver de vertige, assister à ce conflit désordonné des opinions, à ce déchaînement effrené des prétentions les plus audacieuses. Dans les discours aventureux d'un tribun sans mission, elle voyait la menace d'une tempête effroyable.

Malheureusement, il y eut des factions qui semblaient avoir pris à tâche de répandre la terreur et de faire détester la République. Les hommes qu'on désigna sous le nom de *rouges* (à cause de la couleur de leur drapeau), ne parlaient qu'avec mépris du suffrage universel et de la souveraineté du peuple; ils ne tenaient aucun compte des arrêts du scrutin. Ils prétendaient s'imposer au pays, lui faire la loi sans le consulter, le forcer à subir leur dictature au moyen de laquelle ils voulaient expérimenter leurs théories sociales. Ils se riaient des droits acquis, se promettaient de bouleverser tout; c'est par les ruines et la spoliation, qu'ils devaient opérer la régénération universelle; et ils menaçaient de leurs vengeances sanguinaires quiconque oserait s'opposer à leurs projets.

Les funestes journées du 15 mai et des 22-25 juin portèrent au comble l'épouvante. La démagogie tenta de dissoudre l'Assemblée nationale, librement élue par le peuple entier et dépositaire de sa souveraineté. On se demanda avec effroi ce qu'auraient produit ces insurrections si elles avaient réussi. Les vainqueurs n'auraient pas fait un appel au peuple, certains d'avance qu'une épreuve électorale aurait été leur condamnation. Ils auraient donc inauguré la dictature de quelques hommes sans mandat, qui, ne tirant leur autorité que de la force brutale, auraient fait leurs essais sur la France, *tanquam in animâ vili.* On frémit du danger qu'auraient couru la société et la civilisation. On se crut menacé d'une horde de barbares qui ne respecteraient aucun droit. On devint fou par peur, et l'on songea à se réfugier dans la monarchie que l'on crut seule capable de fournir une protection efficace. On fit bon marché de toutes les libertés; on oublia toutes les espérances qu'avait fait naître la révolution; on voulut un maître; et, bien loin de lui faire des conditions, on ne craignit qu'une chose, c'est que son autorité ne fût pas assez forte pour maintenir l'ordre. C'est à cet excès de pusillanimité que conduisit la crainte du *spectre rouge.*

Les hommes sensés qui luttèrent contre cet entraînement honteux, n'employèrent pas, il faut bien le reconnaître, les meilleurs moyens pour guérir les populations de leurs terreurs. Au lieu de discuter sérieusement les doctrines subversives, on trouva plus commode d'en nier l'existence; on plaisanta sur le *spectre*, on le traita de chimère, de croque-mitaine; on parodia les doléances sur la famille et la propriété. Maintenant encore, bien des gens, répétant les railleries de 1850 et 51, persiflent tous ceux qui prennent au sérieux la crainte de la démagogie.

On ne gagne rien à nier le danger. Il faut savoir le regarder en face pour aviser aux moyens de s'en préserver. Ce danger est réel, il est grave, mais il n'a rien qui puisse justifier les défaillances de 1851. Le peuple français qui, dans des circonstances si critiques, a montré tant de courage et d'héroïsme, ce même peuple a fait preuve d'une faiblesse impardonnable. En présence d'une minorité infime, il n'avait qu'à opposer sa souveraineté. Il fallait se contenter de sévir contre les attentats et laisser les déclamations furibondes s'user d'elles-mêmes. Le public se serait bien vite lassé d'entendre ressasser de vaines utopies; les tribuns seraient restés sans auditeurs, et les clubs seraient devenus déserts. Au lieu d'abdiquer son indépendance entre les mains d'un maître, il fallait la maintenir intacte et compter sur l'action des lois pour sauvegarder l'ordre.

Maintenant la France sort de son assoupissement, elle se réveille, jette les yeux sur son passé et se demande comment elle a pu sacrifier aussi follement toutes ses conquêtes révolutionnaires. A côté de ceux qui veulent revendiquer les libertés perdues, on trouve aussi les continuateurs des excès de 1848; et aujourd'hui comme alors, les hommes prudents, voyant reparaître le danger, craignent que la liberté n'entraîne avec elle la licence. Le spectre rouge redevient un épouvantail; et la frayeur qu'il inspire, rallie encore bien des partisans à la monarchie qui leur paraît seule capable de sauver la société de ses ennemis implacables.

Sachons échapper à ces terreurs insensées : au lieu de nier le danger, ce qui ne remédierait à rien, examinons-le sous toutes ses faces. Soumettons à l'examen ces systèmes rangés comme des batteries prêtes à nous foudroyer. Éclairons les populations; mettons-les en garde contre les sophismes d'un parti qui ne peut produire qu'une agitation stérile, et qui compromet la cause de la démocratie.

La loi du 6 juin 1868 a rétabli la liberté des réunions. Malgré ses imperfections, elle a introduit un véritable

progrès. Il s'est établi, surtout à Paris, des réunions
qui ont rappelé, à beaucoup d'égards, les anciens
clubs. Une foule considérable s'est pressée dans des
salles immenses où ont été posées et discutées les plus
hautes questions de politique, de législation, d'écono-
mie politique et de philosophie. Des hommes nouveaux
se sont fait connaître, quelques-uns ont révélé des
talents oratoires et ont fait une vive impression sur les
masses. Mais la plupart des séances ont été orageuses,
ont donné lieu à des cliquetis confus de propos violents, d'apostrophes menaçantes; on y a exposé des
théories subversives, on y a proféré des cris de haine
contre la propriété, des menaces contre des classes de
personnes. Beaucoup de gens se sont émus, ont trem-
blé à la vue de ces abus, et étaient déjà prêts à réclamer la suppression de la liberté de réunion; on croyait
voir renaître l'hydre de l'anarchie; on allait jusqu'à
reprocher au gouvernement d'avoir été trop libéral,
d'avoir concédé au pays plus de libertés qu'il ne pouvait en supporter..... Ce qu'on doit plutôt lui reprocher, c'est de n'avoir restitué qu'une bien faible partie
de ce dont il nous a dépouillés, c'est d'avoir assujetti
l'exercice du droit de réunion à des restrictions telles
qu'il peut devenir illusoire suivant le bon plaisir de
l'autorité. Jetons un coup d'œil sur les pays qui nous
environnent, sur la Suisse, la Belgique, et particulièrement sur l'Angleterre : là, le droit de réunion est
absolu, illimité, exempt de tout contrôle, de toute
ingérance de la police. Des réunions extrêmement
nombreuses se tiennent en plein air, sans déclaration
préalable, sans la tutelle d'un commissaire. Elles ne
donnent lieu à aucun désordre, à aucun inconvénient.
On y parle avec véhémence, avec emportement. Puis
on signe des pétitions, des manifestes. L'assemblée se

disperse paisiblement; chacun rentre chez soi. Les
journaux commentent diversement ce qui s'est passé,
et la société n'est nullement ébranlée. C'est que, chez
ces peuples, les mœurs sont façonnées pour la liberté,
tandis que, chez nous, les gouvernements ne concé-
dent que des parcelles de liberté et menacent sans
cesse de les reprendre, pour peu qu'on n'en n'use pas
comme ils l'entendent. C'est que les concessions pa-
raissent précaires et que les populations s'irritent à la
pensée d'une révocation toujours imminente. Mais,
dès qu'il sera bien entendu que la liberté nous appartient et ne peut nous être enlevée, qu'elle dérive d'un
droit primordial et non de la faveur du gouvernement,
alors on saura s'en servir, les mœurs l'adopteront, et
nous ne serons plus exposés à être constamment bal-
lottés entre la licence et le despotisme.

En définitive, la liberté très-limitée de réunion,
malgré ses écarts inévitables à un premier début, a
produit plus de bien que de mal. Les théories subversives, dont on s'épouvante, avaient, bien avant l'ou-
verture des clubs, des sectateurs ardents, qui les
répandaient en secret, s'adressaient le plus souvent à
des gens ignorants, ulcérés par la misère; plusieurs
comptaient, pour le succès de leur propagande, sur
l'appel aux plus mauvaises passions. Dès qu'on ouvrit
à ces doctrines des tribunes en nombre illimité, elles
s'y produisirent au grand jour, elles s'étalèrent avec
complaisance, elles se soumirent aux épreuves de la
contradiction. On put les discuter, en démontrer la
fausseté. Alors, bien des utopies qui avaient pu séduire quand elles étaient prêchées en petit comité,
furent démolies pièce à pièce et réduites à néant. La
plupart des personnes des classes inférieures se ren-
daient aux réunions publiques par curiosité; elles

éprouvaient des sympathies pour les orateurs qui promettaient de mettre fin aux iniquités sociales, aux souffrances des prolétaires, d'apporter une panacée universelle, d'introduire l'âge d'or. Mais la contradiction, le débat public, ont permis d'apprécier tous ces beaux rêves à leur juste valeur. On doit féliciter les hommes intelligents qui n'ont pas craint de braver l'impopularité en venant tenir tête aux orateurs de la foule, et qui, malgré les huées et les sifflets, ont fait entendre le langage de la froide raison. Que les réunions publiques continuent encore quelque temps, et bientôt on ne pourra se présenter à la tribune que pour y exposer des idées saines et pratiques. Les excentricités n'y seront plus admises. Les masses s'intéresseront aux projets de réformes sérieuses et réalisables, et repousseront avec indignation les plans de désorganisation et de bouleversement.

Le parti que nous nous proposons de combattre, s'est donné à lui-même le titre d'*hébertiste*, et a choisi ainsi pour son type, pour son inspirateur, un des hommes les plus décriés de la Révolution. Nous serons donc autorisés à le désigner sous cette dénomination, sans avoir l'intention d'en faire une injure. Tout en réfutant ses principes, nous voulons conserver la déférence pour les personnes parmi lesquelles il y en a de fort honorables. Nous examinerons successivement les principaux points de leur doctrine, savoir :

La dictature substituée à la souveraineté du peuple ;
La négation de la liberté religieuse ;
La négation de la liberté d'enseignement ;
La banqueroute de l'État ;
Le socialisme communiste ;
Et la terreur.

II

PROMESSE DE DESPOTISME

D'ordinaire, les ambitieux qui visent à s'emparer de l'autorité suprême, cachent habilement leur jeu, flattent la multitude par de superbes promesses, s'annoncent comme les plus fervents amis de la liberté, cherchent à inspirer la confiance, à se faire remettre les pouvoirs les plus étendus, en jurant qu'ils n'auront rien de plus pressé, une fois le péril écarté, que de déposer entre les mains du peuple l'autorité qui leur avait été déléguée : puis, une fois devenus les maîtres, ils jettent le masque à bas et ne songent plus qu'à s'affermir dans leur position, foulant aux pieds serments et promesses.

Aujourd'hui, au contraire, nous avons affaire à un parti qui ne cherche pas à déguiser ses intentions ; il veut la dictature ; et, loin de s'en cacher, il affirme son but avec une franchise qui a quelque chose de cynique, à moins que ce ne soit de la candeur. Barbès, devant la Cour de Bourges, a dit : « Ce que je reconnais, ce n'est pas la souveraineté du peuple, mais la souveraineté du but. » Blanqui et tous ses partisans font des déclarations semblables. On suppose le cas où il n'y aurait plus de gouvernement, soit par suite d'une révolution, soit en cas d'extinction complète d'une dynastie (il ne s'agit pas de la France où les dynasties ne s'éteignent jamais, mais d'un pays quelconque,

sous une latitude *ab libitum*). Que devra-t-on faire?
Toute l'école libérale, héritière des principes de 89,
n'hésite pas à répondre. Un peuple est toujours souverain, a le droit de choisir la forme du gouvernement
qu'il juge la plus convenable, peut, ou exercer lui-
même sa souveraineté, ou la déléguer à des mandataires nommés pour un temps limité, et qui n'auront
d'autres pouvoirs que ceux qu'ils tiendront de l'élection. Il y aura donc nécessité de faire un appel au
peuple. S'il s'agit d'une petite république, comme
celles d'Andorre ou de Saint-Marin, il suffira d'un
roulement de tambour pour appeler tous les citoyens
sur la place publique, où ils pourront, en une seule
séance, discuter et adopter une constitution. Mais s'il
s'agit d'un grand peuple comme la France ou l'Italie, une
telle réunion est impossible. Il y a nécessité de recourir à d'autres moyens, et l'on peut consulter les pré-
cédents hi-toriques. Il faudra faire voter les citoyens
dans leurs comices, par communes, cantons ou dépar-
tements. Mais, en attendant que la volonté nationale
se soit manifestée, il est indispensable de former un
gouvernement provisoire, qui veille au maintien de
l'ordre, qui pourvoie aux besoins urgents de l'administration. L'État ne peut rester un seul jour, un seul
instant sans direction. Comme il s'agit de cas imprė-
vus, on ne peut se renfermer dans la stricte légalité.
Il ne peut y avoir de règle prévue d'avance pour cons-
tituer le gouvernement provisoire qui devra prendre
l'administration de la chose publique pendant le délai
qui s'écoulera jusqu'à la réunion des représentants
nommés par les colléges électoraux. On conçoit
qu'alors quelques citoyens connus par leurs talents
hors ligne, par le rôle considérable qu'ils ont joué,
par leur participation au maniement des affaires,

soient acclamés pour former une commission de gouvernemeut. Il y aurait un grand danger s'ils n'étaient élus que par une multitude réunie sur la place publique ; car il y aurait à craindre que la foule qui les adopterait par ses cris bruyants, fût le produit fortuit d'un parti qui n'aurait pas les sympathies de la nation.

En 1830, après la chute de la branche aînée des Bourbons, ce fut la Chambre des députés, qui, bien qu'élue par un corps privilégié, prit en main le pouvoir constituant et nomma le gouvernement provisoire. Cette Chambre s'était prononcée à une grande majorité, par son adresse des 221, contre le système qui venait d'être renversé ; elle jouissait de la confiance générale, et ses choix furent acceptés sans difficulté. En 1848, la Chambre, qui s'était montrée dévouée à la politique de Louis-Philippe, se trouva frappée du même discrédit que la monarchie ; elle sentit son impuissance et se dispersa d'elle-même devant la révolution triomphante. Mais les députés de l'extrême opposition, forts de la faveur populaire, tinrent, en présence de la foule qui avait envahi la salle, une séance irrégulière et choisirent parmi eux un gouvernement provisoire auquel le pays donna une adhésion presque unanime.

Dans ces deux cas, les membres du gouvernement n'étaient pas les premiers venus ; ils puisaient leur mandat, non-seulement dans la nécessité amenée par les circonstances, mais encore dans leur notoriété personnelle et dans l'autorité morale de ceux qui les avaient élus. Loin de chercher à éterniser leur pouvoir, ils ne se reconnurent que le droit de prendre des mesures urgentes et de faire appel au peuple. En 1830, ce ne fut pas au peuple souverain qu'on s'adressa, mais à cette même chambre qui, issue de l'oligarchie électorale, n'avait été nommée que pour concourir avec la royauté au pouvoir législatif. Aussi, la constitution de 1830, émanée d'hommes sans mandat, resta frappée d'un vice d'origine, qui causa sa faiblessa et amena sa chute.

En 1848, au contraire, tout se passa avec une régularité irréprochable ; on se conforma aux vrais principes. Le gouvernement provisoire s'empressa de rendre une loi électorale, par laquelle tous les citoyens furent appelés à nommer des représentants chargés de dresser une constitution ; l'assemblée formée de ces représentants était donc investie des pouvoirs les plus étendus et pouvait légitimement parler et agir au nom de la France entière.

Mais, malheureusement, il se trouva, comme nous l'avons rappelé, une minorité factieuse qui refusa de s'incliner devant les décrets du peuple souverain, et qui, battue dans les élections, en appela, non plus à de nouveaux suffrages, mais à l'émeute, c'est-à-dire à la force brutale. C'est ce même parti qui, en prévision de circonstances semblables, a la prétention de tirer de son sein un gouvernement provisoire et de l'imposer au pays, non pas seulement avec la mission de gouverner jusqu'à l'établissement d'un ordre de choses régulier, mais pour exercer une dictature dont on ne fixe pas la durée. « Le peuple, disent-ils, est incapable de choisir les institutions dont il a besoin ; il manque de lumières ; c'est à nous de l'éclairer, à lui servir de tuteurs, à faire son éducation et à le maintenir sous notre autorité jusqu'à ce que nous le jugions en état d'être relevé de cet état de minorité. Nous lui rendrons l'exercice de ses droits quand nous le trouverons capable d'en user. En attendant, le gouvernement nous appartient à titre de plus dignes. »

Ces prétentions outrecuidantes seraient horribles si elles n'étaient surtout risibles. Consentons néanmoins à les discuter sérieusement. En principe, l'homme est l'égal de l'homme. Nul n'a autorité sur ses semblables qu'autant que ceux-ci lui ont délégué leur mandat pour gérer la communauté. Nous n'avons plus à nous occuper des rois de *droit divin*, qui étaient censés tenir leur pouvoir de la divinité, bien qu'on n'ait jamais allégué, pour les dynasties modernes, d'intervention miraculeuse par laquelle Dieu aurait fait choix de ces dynasties et leur aurait octroyé en toute propriété et à perpétuité les peuples à gouverner. On ne croit plus à la sainte ampoule ni aux oints du Seigneur. Si nous écartons cette fiction surannée d'une origine surnaturelle, il ne reste plus de source légitime du pouvoir que l'élection. Ce n'est qu'en vertu d'un mandat (exprès ou tacite, suivant les circonstances) que les magistrats peuvent édicter des lois auxquelles je sois tenu d'obéir, décréter des impôts que je sois tenu de payer. Ce mandat populaire ne peut s'exercer que dans l'intérêt des mandants et pour le bien général. Il ne peut être perpétuel ; car la souveraineté du peuple est inaliénable. L'élection même régulière d'une dynastie, en supposant qu'elle pût lier ceux qui ont concouru à l'élection, sera sans valeur vis-à-vis de la génération suivante qui ne peut être enchaînée par les délibérations de ses ancêtres.

Il s'ensuit que celui qui sans mandat veut me contraindre à lui obéir, n'a aucune autorité légitime. S'il est le plus fort, je ne céderai qu'à la nécessité. Mais la force n'engendre pas le droit. A la force j'opposerai la force. Celui qui, par ruse ou par violence, s'empare du pouvoir, n'est qu'un usurpateur, un tyran contre lequel tous les citoyens devront se coaliser pour lu

arracher une autorité extorquée au mépris des droits
de la nation. Sa position est celle d'un chef de bri-
gands qui réussirait à asservir momentanément une
cité.

C'est ce que reconnaissent les révolutionnaires
quand il s'agit de juger les princes. Pourquoi la même
règle ne s'appliquerait-elle pas à ceux qui, tout en se
disant démocrates, ne font en réalité que s'arroger une
principauté? Les princes, du moins, ont en leur faveur, à défaut de l'élection, l'hérédité consacrée par
un long usage, la tradition, et même, en certains cas,
les suffrages d'un corps constitué, investi, par l'opinion
publique, de hautes prérogatives. Ils ont pour appui
des institutions qui, quoiqu'imparfaites, supposent
presque toujours l'assentiment tacite des populations.
Mais, dans le cas que nous examinons, rien ne peut
justifier, ni même excuser l'intrusion d'une dou-
zaine d'individus qui, profitant d'un moment de
trouble et d'hésitation, se feraient princes de leur
propre autorité, sans autre titre que les acclamations
d'une bande de compères ou de complices. Ce serait
là quelque chose de monstrueux, d'inouï; et l'on doit
croire, pour l'honneur de l'humanité, qu'aucune nation
ne serait assez lâche pour subir un tel joug.

Précisons les détails. Voici un groupe d'hommes
réunis sur la place publique : leur nombre est limité
par l'étendue de la place et ne peut dépasser deux ou
trois mille. Ils agissent comme s'ils étaient le peuple
entier, ils accaparent le droit de suffrage qui appartient
à dix millions de citoyens. Mais sur quoi repose cette
supériorité que s'attribuent ces deux ou trois mille?
Ils ne peuvent sérieusement prétendre être les seuls
probes, les seuls éclairés. Chacun d'eux serait forcé
de convenir qu'en dehors de cette réunion, il existe

beaucoup de gens qui ont au moins une valeur égale. Le parti auquel appartiennent les auteurs des acclamations, n'est pas au complet sur la place où se fait l'élection tumultueuse qui va décider pour longtemps des destinées du pays. Chacun de ceux qui s'y trouvent, se dit et se croit bon citoyen : mais tous les bons citoyens n'ont pas été appelés. La liste des bons citoyens n'a jamais été dressée. Si l'on entreprenait de la faire, les individus réunis sur la place ne seraient même pas d'accord. Bien plus, ils ne se connaissent pas entre eux; c'est le hasard qui, à la suite d'une émeute, les a réunis. Ils n'ont aucune garantie de la sincérité de l'élection à laquelle ils vont prendre part; ils ne sont même pas assurés que le parti auquel ils appartiennent et qui pour eux constitue exclusivement le civisme, y soit fidèlement représenté. Comment peuvent-ils donc se contenter d'une opération si précaire, si défectueuse ?..... Et comment se fera cette prétendue élection ? On ne vote pas par billets, on ne compte pas les voix; on se trouve en présence de quelques hommes hardis qui se posent en sauveurs : les cris de la foule leur répondent. Mais ces cris, on ne sait pas au juste qui les a proférés. Au milieu des bruits confus, des rumeurs indéfinissables, on n'a rien distingué; et néanmoins les meneurs se prétendent acceptés par ce qu'ils appellent le peuple. Il est clair que dans cette cohue un petit nombre de braillards peuvent se donner comme les interprètes de la multitude; et ainsi, même en ne considérant que cette mêlée qui est censée le peuple, la minorité se sera substituée à la majorité. La force des poumons aura tenu lieu de capacité. Un gouvernement ainsi fabriqué peut-il se prendre lui-même au sérieux ?.....

Mais ce n'est pas tout. Le parti que nous envisageons, est bien loin d'être uni ; il n'y a d'unanimité sur aucun point ; il s'y trouve, comme partout, des rivalités, des coteries jalouses, des personnalités en guerre les unes contre les autres. Quand il s'agira de s'emparer des parts de royauté, bien des convoitises feront explosion ; plus d'un tribun prétendra recueillir le meilleur lot ; chacun aura ses partisans, ses séides. Pendant que l'un d'eux tiendra ses assises révolution- naires et arrangera à sa guise son petit plébiscite, un autre formera une tentative semblable dans un autre quartier de la ville ; et ainsi de suite. Il pourra donc se faire qu'au même moment trois ou quatre foules, ou même davantage, aient, par les mêmes moyens, proclamé chacune son gouvernement. Ces divers gouvernements se valent et n'ont rien à se reprocher l'un à l'autre. Aucun ne voudra céder la place à ses concurrents. Ce sera donc la force qui décidera ; de là la guerre civile avec toutes ses horreurs.

Si l'un de ces gouvernements réussit à écraser les autres, il restera seul en possession du pouvoir, Mais sa victoire sera-t-elle durable ? Non ; car les mécon- tents évincés ne se tiendront pas pour battus. Envers un pouvoir qui n'a pour lui que la force, il est tout simple qu'on oppose la force. Chaque jour verra éclore des proclamations suivies de *prononciamentos ;* une faction en supplantera une autre, pour être à son tour culbutée le lendemain. Il n'y aura plus ni stabi- lité, ni sécurité. Ce ne seront que combats, massacres, désordre, anarchie..... Dès qu'on a commencé par fouler aux pieds le droit, il ne peut plus y avoir de règle morale, la société n'a plus rien d'humain.

Le mot de *dictature,* emprunté à l'histoire romaine, offre à la pensée quelque chose d'imposant. Mais certains partis en font un étrange abus. Chez les Romains, c'était le Sénat, c'est-à-dire le plus élevé des corps constitués, qui, dans des circonstances d'une gravité exceptionnelle, nommait un dictateur, magistrat unique, armé de pouvoirs illimités. La durée de cette mission ne pouvait excéder six mois ; le plus souvent, le dictateur n'attendait pas l'expiration de ce terme pour se démettre de sa charge ; et alors, redevenu simple citoyen, il rendait compte de l'usage qu'il avait fait de son autorité. Celui auquel on confiait des pouvoirs aussi étendus, était toujours un personnage éminent, ayant déjà exercé d'importantes fonctions, jouissant d'une grande notoriété ; de sorte que le peuple s'inclinait avec respect devant un choix que sanctionnait l'opinion publique. La mission du dictateur, sans être définie par un acte écrit, était tracée par les circonstances qui avaient déterminé cette mesure de salut public, et tout le monde en connaissait d'avance le but et l'étendue : c'était de sauver la patrie menacée d'un extrême danger. Quand le dictateur était, par exemple, un Camille, on pouvait dire qu'il représentait le peuple. Cette institution, tant qu'il n'en a été fait qu'un usage modéré et opportun, a rendu de très-grands services et a plusieurs fois sauvé la République. Mais ce que rêvent les ultrarévolutionnaires, n'a rien de semblable. Ce n'est ni d'un sénat, ni d'une assemblée constituée, qu'ils veulent tenir leur dictature, mais des acclamations d'une foule formant une partie minime de la population, ou plutôt d'une bande de prétoriens, d'inconnus venant on ne sait d'où, et qui s'improvisent en pouvoir constituant. Ces dictateurs n'ont aucun titre qui les recommande d'avance à la confiance de la nation ; ils ne peuvent se présenter comme ayant qualité pour faire prévaloir le vœu général, pour remplir une mission dictée par les sentiments de la population. Loin de là ; ces hommes excitent une profonde antipathie ; leurs vues sont en opposition flagrante avec l'esprit de la nation ; ils sentent si bien la répulsion dont ils sont frappés d'avance, qu'ils veulent se soustraire aux épreuves du scrutin ; ils avouent par là leur isolement, la réprobation qui s'attache à eux et à leurs doctrines. Leur avénement, s'il pouvait se réaliser, loin de rappeler la magistrature dictatoriale, ne pourrait se comparer qu'à une invasion de forbans, à une conquête de barbares qui, grâce au succès momentané de la force brutale, oppriment une nation et la réduisent au plus affreux esclavage.

La population, nous dit-on, est incapable de connaître et de gérer ses intérêts ; il faut bien que des hommes supérieurs la dirigent. C'est là le langage de tous les despotes ; c'est en alléguant l'ignorance des masses, qu'ils prétendent justifier leur autocratie. Le czar, le sultan ne feraient sans doute aucune difficulté d'admettre en principe les droits des peuples, mais en ayant soin d'ajouter que ces peuples sont inhabiles à s'en servir. C'est pour leur bien qu'un maître a la bonté de se charger du fardeau du gouvernement. Vienne le moment opportun de les affranchir, le prince n'aura pas de plus grand bonheur que de briser leurs chaines ; mais soyez sûrs que ce moment ne viendra jamais.

Dans un peuple quelconque, il y a malheureusement beaucoup d'ignorants et d'incapables ; mais ce n'est pas une raison pour les dépouiller du droit qui leur appartient de régir leurs propres affaires et de participer à la gestion des intérêts de la communauté dont ils font partie. Nous repoussons ceux qui, prétendant

connaître mieux que nous-mêmes ce qui nous convient, veulent s'imposer comme des sauveurs et débu
tent par nous ravir la liberté. Tout peuple qui com-
mence à user de la liberté, a un apprentissage à faire;
c'est par ses fautes qu'il s'éclaire et se forme. Ce n'est
que par l'exercice de ses droits qu'il deviendra capable
d'en faire un bon usage. Lui enlever la liberté pour le
dresser à s'en servir, c'est faire comme le père qui ne
permettait à ses enfants d'aller à l'eau que quand ils
sauraient parfaitement nager.

Tout membre de la société a droit de suffrage, c'est-
à-dire droit de concourir au choix des magistrats qui
seront chargés de gérer la chose publique et de lever
des impôts. Il n'y a point à distinguer entre les degrés
de capacité. Chacun a des intérêts à sauvegarder, a sa
part dans les affaires de la cité, et par conséquent a
son vote à apporter pour participer à la formation de
la loi à laquelle il devra se soumettre. Restreindre le
droit de suffrage, c'est former une oligarchie qui
sacrifiera les intérêts de tous aux intérêts d'une classe
privilégiée, en dehors de laquelle il n'y a plus que des
parias. Et d'ailleurs il est impossible de fixer aucune
règle pour discerner et graduer les capacités, d'établir
un tribunal qui les jauge et les tarife. Ni le cens,
ni la naissance, ni les diplômes ne peuvent fournir
de norme acceptable. Le suffrage universel est le
corollaire essentiel de la souveraineté du peuple.

En supposant qu'on ne reconnaisse qu'à la capacité
le privilége de l'exercice des droits politiques, il faudrait alors dresser, tant bien que mal, une liste des
plus capables, seuls aptes à prononcer sur la constitution du pays et sur le choix des représentants. Ce
système ne pourrait justifier la dictature révolutionnaire. Personne, parmi ceux qui veulent la fonder,

n'oserait soutenir que cette poignée d'individus qui,
un beau jour, acclame un gouvernement sur la place
publique, soit l'élite de la nation ; qu'en dehors de ce
rassemblement désordonné, il n'y ait pas des publi-
cistes, des philosophes, des hommes expérimentés,
ayant mûrement étudié les questions de politique et de
législation, et capables d'apporter un suffrage éclairé,
Mais on se garde bien de consulter ces gens instruits.
Sur quoi fonder leur exclusion, s'il était vrai que
l'ignorance des masses fût le vrai motif qui autorisât à
recourir à la dictature émeutière ? On laisse de côté
les hommes les plus éclairés, et l'on reconnaît le droit
de suffrage par acclamation à des individus qui com-
posent fortuitement la foule au moment décisif,
sans même s'enquérir de leur nationalité, sans
s'inquiéter s'ils savent lire et écrire, si parmi eux il ne
se trouve pas des repris de justice ! Il est donc évident
que le motif allégué n'est qu'un prétexte. Pour les
hébertistes, c'est être incapable que de ne pas partager leurs opinions ; c'est là le seul et véritable crité-
rium. Leur système consiste donc à dire : un peuple
n'est capable de se gouverner qu'autant qu'il adhère à
notre plan de réorganisation ; tant qu'il n'est pas dis-
posé à l'accepter, il nous appartient de le dominer par
la force, de lui inculquer violemment notre manière
de voir, jusqu'à ce que bon gré mal gré il devienne
semblable à nous.

Il est clair que chaque utopiste pourrait également
tenir le même langage et employer les mêmes procédés. Il en résulterait que chacun pourrait contraindre l'humanité à se soumettre à ses conceptions,
et, pour arriver à ce but, serait fondé à employer tous
les moyens, même les plus violents. Mais il est souverainement odieux et inique qu'un seul se mette au-

dessus de tous; et si malheureusement cette théorie venait à être appliquée, on verrait chaque jour la guerre civile ensanglanter nos cités; les sauveurs viendraient à coups de fusil nous sommer de nous ranger sous leur domination. Il ne s'agirait plus de savoir si nous trouvons, ou non, leurs idées à notre goût; notre refus d'acceptation serait taxé d'ignorance et regardé comme cause de déchéance civique. Les factions se succéderaient continuellement. Il serait entendu que le peuple ne s'appartient pas à lui-même, mais qu'il est destiné à être la proie de tous ceux qui se disputeront le privilége de le sauver, chacun suivant sa théorie; une nation serait sans cesse tiraillée en tous sens par des aventuriers qui prétendraient baser leur mission sur la force. Les luttes les plus cruelles recommenceraient continuellement. On retomberait au niveau des hordes sauvages.

On ne peut, sans un sentiment de tristesse, envisager de telles aberrations. Ce qui est surtout inconcevable, c'est qu'un parti puisse se flatter d'étendre son influence en affichant des prétentions aussi insolentes. Il ose dire au peuple : « Tu es incapable de te gouverner, de te choisir des institutions. Laisse-moi faire. Je commencerai par te priver des droits politiques dont tu es en possession, par te dépouiller de tes libertés dont tu ne sais pas faire usage. Nous allons te façonner, te pétrir à notre guise. Si tu es rétif, nous aurons recours aux grands moyens. Qui aime bien, châtie bien. Par la terreur et les supplices, nous aurons raison de toutes les résistances. » Comment les populations ne se laissent-elles pas séduire par un si doux langage? Comment ne viennent-elles pas se jeter avec enthousiasme dans les bras de ces tendres pédagogues?.....

Il y a une maxime qui, dans ce parti, a été souvent mise en avant : c'est que la capitale doit faire la loi au pays. Si l'on suivait cette règle, la population de la capitale aurait à procéder à des élections régulières et libres, nommerait un gouvernement provisoire, puis des représentants chargés d'élaborer une constitution. Alors nous aurions une organisation et non plus la tyrannie des dictateurs acclamés. Mais ce mode d'opérer ne peut être accepté, parce qu'il serait la violation flagrante de la souveraineté qui appartient, non à une ville en particulier, mais au peuple entier. Aucune fraction de peuple n'a le droit de se substituer à l'ensemble : la partie ne peut être supérieure au tout. Ce serait condamner à l'ilotisme la majeure portion de la nation, ce qui n'est ni juste ni raisonnable. Les diverses parties du territoire ont des intérêts différents ; l'État doit les garantir et concilier avec sagesse les prétentions opposées qui peuvent surgir, par exemple entre la protection douanière et le libre échange. Une ville seule, bien qu'elle compte proportionnellement dans son sein un plus grand nombre d'hommes instruits, n'est pas apte à résoudre toutes ces difficultés. Si elle dominait seule, elle méconnaîtrait les besoins des provinces qui se trouveraient subalternisées et écrasées, comme l'ont été trop longtemps les provinces de l'empire romain.

Les hébertistes qui avouent leur prétention au despotisme, devraient, s'ils étaient conséquents, rayer la liberté de leur programme. Cependant ils l'ont maintenue dans la formule révolutionnaire : *liberté, égalité, fraternité*. Ils croient sans doute pouvoir justifier cette inconséquence en alléguant qu'ils ne renoncent pas à nous octroyer la liberté, mais seulement quand nous en serons dignes, et qu'ils se réservent d'apprécier l'opportunité de cette concession. La liberté restera donc en expectative. C'est comme l'égalité des chrétiens, qui sera réalisée dans le ciel; ce qui suffit aux catholiques libéraux, non-seulement pour se dire partisans de l'égalité, mais encore pour prétendre que c'est le christianisme qui l'a donnée au monde. Belles promesses ! Mais il vaut mieux tenir la proie que courir après l'ombre. Il vaut mieux garder la liberté, que de l'aliéner avec l'espoir problématique de la recouvrer un jour, s'il plaît au maître.

Ce parti répudie toute alliance avec les *libéraux*; et même ce mot, chez les hébertistes, a la valeur d'une qualification injurieuse et méprisante. Ici du moins, ils font preuve de logique. Les libéraux sont partisans de la liberté et en général des principes de 89. Que le parti libéral ait commis des fautes, nous le reconnaissons sans peine. Quel parti en a été exempt ? Mais les erreurs ou les défaillances d'un parti n'autorisent pas à condamner ses principes. Ceux du libéralisme sont basés sur la raison, sur l'essence de la nature humaine; ce sont ceux du progrès et de la civilisation. Quelques tribuns nous appliquent l'épithète de *libérâtres*. Ce mot fait partie du vocabulaire de M. Veuillot. Il a été inventé par ce pamphlétaire catholique pour désigner les faux libéraux qui parlent sans cesse de liberté, mais qui veulent l'accaparer pour eux-mêmes et la refusent à tous ceux qui ne sont pas de leur avis. Cette qualification ne peut convenir à ceux qui, comme nous, sont passionnément dévoués au triomphe de la liberté, la veulent complète et égale pour tous; elle s'applique, au contraire, avec une justesse parfaite à ceux qui, tout en maintenant la liberté sur leur devise et leur drapeau, ne visent qu'au despotisme.

III

LA LIBERTÉ RELIGIEUSE

De toutes les libertés, c'est celle que les hébertistes repoussent avec le plus d'énergie. Pour bien nous rendre compte de la question, jetons un coup d'œil sur le passé.

La liberté religieuse a toujours eu pour ennemi le christianisme. L'Évangile, dont tant de gens vantent inconsidérément la douceur et la mansuétude, contient le *Compelle intrare* (Luc, XIV, 24), et ce précepte est le germe d'où est sortie l'intolérance. Jésus déclare qu'il ne prie pas pour le monde, mais seulement pour ceux que son père lui a confiés (Jean, XVII, 9), c'est-à-dire pour les prédestinés, pour les brebis choisies ; d'où il suit que le reste de l'humanité n'est qu'un vil troupeau qui ne mérite que haine et dédain, et auquel ne s'appliquent pas les maximes de fraternité. Ceux qui n'écoutent pas l'Église, doivent être traités comme des païens et des publicains (Mat., XVII, 17), c'est-à-dire assimilés à tout ce qu'il y a de plus exécrable. Et ceux qui refusent de recevoir les apôtres, seront traités, au jour du jugement, plus sévèrement que Sodome et Gomorrhe (Luc, X, 10-12). Les apôtres recommandent aux fidèles de fuir la société des mécréants, de les regarder comme des maudits, des pestiférés (1).

(1) « Ne vous associez pas avec les infidèles : car quelle union

Tant que les chrétiens furent les plus faibles, ils
implorèrent pour eux la liberté et protestèrent contre
l'iniquité des princes qui leur refusaient le paisible
exercice de leur religion. Mais dès qu'ils se trouvèrent
les plus forts, grâce à la conversion de Constantin, ils
changèrent subitement de maximes et de langage ; de
persécutés ils devinrent persécuteurs. Cette liberté
qu'ils avaient demandée pour eux-mêmes, ils la dé-
nièrent à tous ceux qui ne partageaient pas leurs
croyances, et ils recoururent au bras séculier pour
étouffer toutes les religions rivales, pour en rendre
l'exercice impossible. Constantin commença par entra-
ver le culte païen ; il laissa impuni le zèle des chrétiens
qui renversaient les idoles et s'emparaient de leurs
temples ; ce qui était encourager le renouvellement
de semblables violences. Il publia un édit par lequel,
prenant le rôle de missionnaire, il cherchait à démontrer à ses sujets la fausseté de l'idolâtrie, et les enga-
geait vivement à suivre son exemple en se faisant chrétiens (1). C'était prendre la nouvelle religion sous sa
protection et frapper l'ancienne de réprobation. Deve-
nant de jour en jour plus hostile à l'égard des païens,
il confisqua les biens de leurs temples pour les attri-
buer aux églises ; il interdit ensuite les fêtes et les
solennités païennes (2). Ses successeurs allèrent encore

peut-il y avoir entre la justice et l'équité? Quel commerce entre
la lumière et les ténèbres? Quelle alliance entre Christ et Bé-
liol? Quelle société entre le fidèle et l'infidèle (II Cor. VI, 14, 15).
Tout est pur pour les purs ; rien n'est pur pour ceux qui sont
impurs et souillés (Tite, I, 15). Si quelqu'un vient à vous et ne
professe pas la doctrine du Christ, ne le recevez pas chez vous
et ne le saluez pas ; car celui qui le salue, participe à ses œuvres
de méchanceté (I, Jean, 10, 11). »

(1) TILLEMONT, *Vie de Constantin,* n° 45.
(2) *Ibid.,* n°s 54, 55, 56.

plus loin. Constance et Constant, ses fils, promulguè-
rent, en 341, une loi pour défendre absolument la superstition et la folie des sacrifices, et *sous peine de
mort*, en fit fermer les temples; la même peine était
prononcée contre les gouverneurs qui négligeraient
de punir les délinquants (1). Les successeurs de ces
princes enchérirent sur leur zèle et prirent des mesures pour rendre l'interdiction complète et efficace.
Théodose rendit à ce sujet de nombreux édits qui
obtinrent l'approbation du clergé et des pères de
l'Église, notamment de saint Augustin (2). Ce système
de persécutions passa dans la législation de tous les
peuples chrétiens. La loi religieuse devint loi de l'État.
Ce fut un crime que d'oser penser autrement que le
prince qui, se faisant l'exécuteur docile des décrets
canoniques, était tenu d'employer son pouvoir pour
extirper les hérésies et pour en purger ses États (3).

---

(1) *Code Théodosien*, liv. XVI. Tillemont, *Vie de Constantin*, n° 7. Libanius, *Oratio pro templis*. Albert de Broglie,
l'Église et l'Empire romain, t. I, p. 132.

(2) Ep. 93, n° 10.

(3) Le Concile de Latran, tenu en 1215 sous le pape Innocent III,
leur en fait un devoir : « Que les autorités temporelles, quelques
fonctions qu'elles remplissent, soient exhortées et, s'il était nécessaire, contraintes par censure ecclésiastique à prêter publi-
quement un serment pour la défense de la foi, serment par
lequel elles s'engagent et s'appliquent sincèrement et de toutes
leurs forces à exterminer, dans les contrées soumises à leur
juridiction, tous hérétiques déclarés par l'Église *(pro viribus
exterminare studebunt)*; et cela de telle façon que, quand quelqu'un aura été admis à un pouvoir spirituel ou temporel, il soit
tenu de jurer cet article. Que si quelque seigneur temporel, re-
quis et averti par l'Église, refuse de purger son domaine de cette
souillure hérétique, il soit excommunié par le métropolitain et
par les autres évêques de la province; et que si, par manque-
ment de bonne volonté, il laisse passer une année sans satis-

Les supplices les plus cruels furent le châtiment de quiconque s'écartait de l'orthodoxie. Ce fut une vertu que de concourir à écraser l'hérésie, que de massacrer les dissidents (1).

L'Église suivit jusqu'au bout les conséquences de sa doctrine en établissant l'Inquisition, c'est-à-dire l'institution la plus affreuse qui ait jamais été inventée pour opprimer l'humanité. Pendant plusieurs siècles, une magistrature ayant partout de nombreuses ramifications et des agents dévoués, a eu pour but de rechercher, non-seulement les dissidents, mais encore ceux qui violaient quelques-uns des préceptes de l'Église, de poursuivre les délinquants, de les torturer et de les traduire devant des juges sanguinaires qui prononçaient contre les victimes les peines les plus atroces. Ces malheureux étaient brûlés vifs, et cette horrible exécution s'appelait un acte de foi (*auto-da-fé*); les fidèles y assistaient avec joie et componction, et croyaient gagner les grâces célestes en contemplant les souffrances et l'agonie de ceux qu'on appelait les ennemis de Dieu. En Espagne seulement, de 1481 à 1808, l'Inquisition a fait brûler vifs 34,608 personnes (dont 10,200 en dix-sept ans, pendant le

faire, cela soit dénoncé au souverain pontife, afin que celui-ci déclare ses vassaux déliés de leur fidélité, et donne son pays à des catholiques qui, après avoir exterminé les hérétiques, devront posséder sans conteste et maintenir dans la pureté de la foi. »

(1) « Les catholiques qui, revêtus du signe de la croix, se livrent avec ardeur à l'extermination des hérétiques, jouiront de tous les priviléges et indulgences accordés aux croisés en terre sainte.» *Corpus juris canonici*, Decret. Lib. V, tit. vii, cap. 13, § 4.

« Lorsqu'on massacre l'impie, la grâce de Jésus-Christ se répand sur la terre ; et c'est faire œuvre pie que de détruire l'homme abominable. » *Corpus*, Decret. Pars II, cap. xv, quart. 1. *Lugduni*, 1584.

seul exercice de l'inquisiteur Torquemada), en a brûlé en effigie 18,049, et en a condamné aux galères ou à la prison 288,240 (1).

En France, la révocation de l'édit de Nantes, obtenue par les instances du clergé, a produit des calamités innombrables. Une foule d'ordonnances ont été rendues pour aggraver le sort des malheureux protestants; la majeure partie a été obligée de passer à l'étranger; ceux qui sont restés, ont été victimes de la persécution la plus cruelle et la plus raffinée. Les ministres calvinistes, pour le seul fait de la prédication, étaient condamnés à ramer sur les galères du roi, confondus avec les malfaiteurs, et subissaient les traitements les plus barbares (2). Les *dragonnades* sont l'opprobre de ce règne trop vanté.

Les principes qui ont inspiré toutes ces atrocités, ont prévalu pendant tout le Moyen-Age et n'ont été combattus que par la philosophie qui, depuis l'époque de la Renaissance, a revendiqué les droits de l'humanité et fait entendre la voix de la justice. Ce sont surtout les libres penseurs du dernier siècle qui ont flétri l'intolérance, proclamé la liberté religieuse. La révolution de 89, préparée par eux, a été le triomphe de leurs doctrines; on leur doit l'idée lumineuse et vraiment équitable de la *séparation du spirituel et du temporel*. Grâce au courage et à la persévérance des Vol-

(1) *Histoire de l'Inquisition d'Espagne*, par Léonard GALLOIS (abrégé de Llorente; Paris, 1824, p. 357, 358). — Si l'on ajoute aux condamnations qui ont eu lieu en Espagne, celles des autres pays soumis à l'Inquisition espagnole (Sicile, Sardaigne, Belgique, Amérique, Indes, etc.), et celles de Portugal, on arrivera à un total effrayant.

(2) Voir à ce sujet l'excellent ouvrage de M. BONNEMÈRE, intitulé *Histoire des Camisards*; Paris, 1869.

taire, des d'Alembert, des Diderot, des Condorcet, l'intolérance a été vaincue ; les représentants du peuple français ont déclaré que l'État n'avait point à rechercher les opinions des citoyens, devait leur garantir une égale liberté, laisser chacun suivre l'impulsion de sa conscience et pratiquer la religion qui lui convient. C'est là une des conquêtes les plus précieuses de la Révolution. Sans doute, on doit la considérer comme définitive ; et cependant elle a encore des adversaires.

D'une part, l'Église ne veut rien désavouer de son passé. Elle ne peut renier l'intolérance sans se condamner elle-même, sans renoncer au privilège de l'infaillibilité qu'elle s'attribue et sur lequel est basé son prestige. Aussi les encycliques de Grégoire XVI (15 août 1832) et de Pie IX (8 décembre 1864) réprouvent la liberté des cultes et la liberté de la presse comme des maximes abominables. Les écrivains les plus autorisés du clergé glorifient l'Inquisition et maintiennent intact le principe de l'intolérance. Suivant eux, la vérité a seule droit à la liberté, l'erreur n'a aucun droit. Et, bien entendu, ils ajoutent : la vérité, c'est nous ; et l'erreur, c'est tout ce qui est en dehors de nous. A leurs yeux, les non-catholiques sont dans un état de perdition ; ce sont des rebelles contre la loi divine ; c'est indûment qu'ils se soustraient à l'autorité du représentant de Dieu ; on ne peut, sans crime, leur permettre de propager leurs doctrines erronées, condamnées souverainement par les décisions de l'Église infaillible. On ne peut les laisser pratiquer des rites abominables ; on doit au contraire les ramener, même par la force, sous la houlette bienfaisante de leur pasteur légitime (1).

_____

(1) Cette thèse a été soutenue avec éclat dans un écrit intitulé

La liberté trouve, au pôle opposé, d'autres ennemis tout aussi implacables. Les hébertistes, empruntant les arguments catholiques et les adaptant à l'athéisme, prétendent aussi accaparer pour eux la liberté ; ils veulent interdire l'exercice de toutes les religions, déporter tous les prêtres, abattre tous les temples ; à l'instar des pontifes et des inquisiteurs, ils se disent seuls en possession de la vérité, et à ce titre autorisés à étouffer l'erreur, c'est-à-dire tout ce qui ne concorde pas avec leurs idées, et à employer, pour écraser les religions, *la force révolutionnaire*. Il en résulte qu'ils veulent faire de l'athéisme une religion d'État, ou au moins une philosophie d'État qui, sous le rapport de l'intolérance, ne le céderait en rien au catholicisme.

Il est pénible de voir des libres penseurs répudier ce qu'il y a de plus beau, de plus humain dans les travaux philosophiques, abandonner l'enseignement de Voltaire pour celui de Torquemada, renouveler les maximes d'oppression et s'approprier tout ce qu'un passé néfaste offre de plus odieux.

On a donc une même réponse à faire aux catholiques et aux hébertistes.

Les droits et les devoirs sont réciproques. Nous ne devons donc pas faire à autrui ce que nous ne voudrions pas qui fût fait à nous-mêmes. Chacun de nous trouverait inique qu'on l'opprimât, qu'on l'empêchât d'exprimer ses opinions, de concourir à des réunions ayant pour but de les mettre en pratique. Comment donc ne respecterions-nous pas chez les autres cette liberté que nous revendiquons pour nous-même?

la Liberté, lu par M. Stanhlamber au Cercle académique catholique de Bruxelles ; et il en a été fait un grand éloge dans le journal papiste *le Monde*, numéro du 19 décembre 1864.

N'est-il pas évident que chaque homme a un droit égal, que toutes les consciences sont indépendantes? L'athée crierait à l'injustice si on lui interdisait de nier Dieu, si on l'obligeait à donner des marques de respect à une religion à laquelle il ne croit pas. Comment ne comprend-il pas qu'il exercerait une tyrannie semblable s'il empêchait le croyant d'affirmer tout haut sa croyance, de suivre le culte qu'elle prescrit? De quel droit un homme pourrait-il dominer la conscience de ses semblables, leur imposer un symbole de foi, leur prescrire ce qu'ils doivent croire, ce qu'ils doivent rejeter? Ces prétentions que nous trouvons si blâmables chez les tyrans persécuteurs, comment pourrions-nous les accepter pour notre propre compte?

Ils disent qu'ils ont pour eux la vérité. Mais chaque secte prétend aussi la posséder. Toutes ces prétentions se repoussent et s'annulent réciproquement. Nulle secte n'est parvenue à prouver au genre humain la vérité des opinions qu'elle professe; pas une dont les assertions ne soient contestées et même repoussées. Aucune n'est donc fondée à faire de ce qu'elle appelle la vérité une loi universelle. Le législateur ne peut décréter de règle obligatoire pour les populations, qu'en s'appuyant sur des principes généralement admis comme nécessaires au maintien de l'ordre social. Ainsi, personne ne nie que le vol et l'assassinat ne soient contraires à l'ordre et ne méritent d'être flétris et punis; le législateur, en portant des peines contre ces crimes, répond donc à un vœu unanime. Mais s'il veut, par des règlements, favoriser ou combattre des opinions religieuses ou philosophiques, il est obligé de mettre en avant des affirmations sur lesquelles on est loin d'être d'accord. Ce qui est vérité pour l'un, est erreur pour un autre; ce sont des matières sur lesquelles on n'a pas cessé de disputer depuis que l'humanité existe. Que chacun cherche à faire prévaloir par la discussion ce qu'il croit la vérité, à convaincre ses semblables, rien de mieux. Mais si, au lieu de se borner au rôle d'apôtre et de prêcheur, il recourt à la force pour réduire au silence ceux qui ne pensent pas comme lui, il méconnaît les droits de ses semblables, il commet un attentat contre l'humanité. Si chaque secte, en vertu du même système, cherchait à s'imposer par la force, la guerre civile serait l'état permanent des sociétés, les hommes ne seraient plus occupés qu'à se déchirer, qu'à exterminer leurs contradicteurs.

Pour que la vérité eût seule le privilége de parler en public, il faudrait que, sur toutes les matières où peut s'exercer l'esprit humain, il y eût une autorité acceptée par l'unanimité du genre humain, et à laquelle on s'accorderait à reconnaître le don de l'infaillibilité. Un tel oracle n'existe pas et n'a jamais existé, et la raison n'en admet même pas la possibilité. Tout homme paie son tribut à l'humaine faiblesse, et par conséquent est faillible; une réunion d'hommes, quelque soin qu'on ait pris de la former des représentants les plus éminents de la science, n'est encore qu'un composé d'êtres faillibles et n'est pas affranchie des chances d'erreur. Il ne peut donc exister de tribunal ayant pour mission de prononcer en dernier ressort sur toutes les questions et d'interdire la discussion sur les décisions qu'il aura rendues. Les libres penseurs se moquent du Concile de Nicée, où se décida à la majorité des suffrages la divinité de Jésus-Christ. Mais n'y aurait-il pas lieu de siffler également un congrès philosophique qui déciderait que Dieu existe ou n'existe pas? Quel est l'homme de bon sens qui se croirait lié par cette sentence et s'interdirait de la juger suivant ses lumières personnelles? Les droits de la raison sont imprescriptibles et ne peuvent être confisqués par une autorité quelconque; le droit d'examen et de révision subsiste, nonobstant toutes prétentions contraires. Il s'ensuit que nul homme, nulle réunion d'hommes ne peut s'arroger le droit de prononcer en dernier ressort sur quoi que ce soit, de manière à pouvoir dire qu'après cette déclaration tout débat doive être clos, toute discussion interdite. Donc, si évidente que nous paraisse une vérité, nous ne pouvons exiger que les autres hommes en jugent de même; nous devons leur reconnaître la faculté de juger à leur point de vue et de se prononcer dans un sens différent et même opposé. Les organisations humaines offrent une diversité infinie; les intelligences, les passions, les aptitudes varient suivant les races, les nations et les individus. Tel argument qui me paraît irrésistible, ne fait aucune impression sur l'esprit de mon voisin. Il y en a qui n'apprécient que les arguments présentés avec une rigueur mathématique; d'autres préfèrent les considérations dans lesquelles entre le sentiment. L'évidence de l'un n'est pas celle de l'autre. Il en résulte qu'on ne peut se flatter de faire régner parmi les hommes une complète conformité d'idées et de croyances. La diversité étant inévitable, toutes les opinions doivent se tolérer réciproquement.

L'absolu est un but vers lequel tend l'homme sans pouvoir jamais l'atteindre. La plupart des vérités acquises ne sont que des vérités provisoires que viendra peut-être corriger ou même démentir une science plus avancée. Ainsi, il était jadis admis que la terre était immobile au centre de l'univers, que le soleil tournait chaque jour autour de notre globe; que la nature avait horreur du vide, et que c'était là ce qui faisait monter l'eau dans les tuyaux de pompe. Quand Galilée et Toricelli sont venus annoncer des propositions contraires, ils ont excité des clameurs hostiles, on les a traités de fous et d'impies; l'autorité réputée alors la plus éminente a condamné Galilée à se rétracter et à déclarer ses propositions fausses et blasphématoires. C'était agir conformément au système de compression qu'on cherche aujourd'hui à ressusciter. Au point de vue hébertiste, l'Inquisition était irréprochable et ne mérite que des éloges. Un peu plus tard, on reconnut que c'étaient les novateurs qui avaient raison contre le genre humain. Il est donc prouvé, par cette leçon et par bien d'autres, qu'un homme seul peut avoir pour lui la vérité. Comment donc une assemblée, si nombreuse, si imposante qu'elle soit, pourrait-elle se dire en possession de la vérité absolue? Et si elle ne l'a pas, de quel droit voudrait-elle rendre ses opinions obligatoires ?.....

La question qui nous occupe se rattache à celle du rôle qu'on doit assigner à l'État; à cet égard, les idées qui ont régné dans les sociétés anciennes, sont en opposition avec celles qui tendent de plus en plus à s'accréditer dans les pays libres. Il était admis, notamment en France, que l'État est une providence qui veille à tout, qui, pour empêcher les sujets de s'égarer, prend soin de les guider, de réglementer leurs actions, de décider ce qu'ils doivent faire ou éviter. En vertu de cette doctrine, l'État, en tuteur paternel, se chargeait de penser pour les citoyens et de leur prescrire les croyances et le culte les plus propres à leur faire gagner le ciel : non-seulement on assumait la tâche de faire notre bonheur ici-bas (tâche, hélas!

toujours bien mal remplie), mais encore nos gouver-
nants étaient nos intermédiaires auprès du bon Dieu.
Cette tutelle était portée si loin que, quand le prince
qui était la providence visible, jugeait à propos de
changer de religion, il fallait, bon gré mal gré, que
les peuples suivissent son exemple, ainsi qu'il est
arrivé notamment en Angleterre. Les sujets étaient en
quelque sorte les annexes du souverain et devaient
forcément l'accompagner dans toutes ses évolutions
religieuses. Refuser de partager ses croyances, c'était
se montrer rebelle envers son autorité. C'est en vertu
de ce principe, que Louis XIV se crut très-conscien-
cieusement en droit de persécuter les protestants coupables de ne pas penser comme le maître, de prétendre en savoir plus que lui quant aux moyens de
faire son salut.

Cette tyrannie gouvernementale nous semble épou-
vantable ; la raison la repousse et nous dit que le
prince peut, pour son propre compte, prendre ou
quitter toutes les religions imaginables, mais qu'il ne
doit en résulter aucun changement dans l'état des
citoyens. Cette condamnation du passé implique celle
des hébertistes qui, à l'exemple du roi-soleil, décrè-
tent que, du moment qu'ils sont athées, tout le monde
doit l'être.

Dans un pays bien organisé, le gouvernement doit
être réduit à son minimum. L'État a pour tâche
unique de maintenir l'ordre, de gérer les intérêts de
la communauté, de maintenir aux citoyens la liberté
et la sécurité. Mais il n'a aucune compétence pour
décider ce que les citoyens doivent croire ou ne pas
croire ; il doit donc garder une stricte neutralité entre
toutes les sectes, entre toutes les écoles philosophiques ou religieuses. Il n'a point à s'ériger en

missionnaire de la vérité, ni à nous tracer le chemin
du salut; il n'a point à décider si telle religion est
vraie ou fausse, si un dogme est préférable à un
autre, si Dieu existe ou n'existe pas. Tout cela est
hors de son ressort. Les décisions qui seraient rendues sur ces matières, ne satisferaient que ceux dont
elles consacreraient les croyances; en les rendant
obligatoires, on irriterait tout ceux qui seraient d'avis
contraire. Les vaincus ne lâcheraient pas la partie,
mais essaieraient de prendre leur revanche, soit en
influant sur les élections, dans les pays libres, soit en
intriguant auprès du maître, dans les monarchies. De
là des solutions en sens contraire, comme on a vu,
sous les fils de Constantin, Jésus-Christ gagner et
perdre tour à tour sa consubstantialité. A une époque récente, c'est tantôt Hébert qui fait triompher
l'athéisme avec la déesse Raison, tantôt c'est Robespierre qui donne la victoire à l'Être suprême; puis le
9 thermidor culbute les deux divinités et les remplace
par l'indifférence. Toutes ces alternatives, inévitables
à cause de la variabilité des chances politiques, prou-
vent combien il est déraisonnable de reconnaître à un
pouvoir quelconque le droit de dominer les consciences en statuant sur des matières qui divisent le
monde et sur lesquelles on ne parviendra jamais à
s'entendre.

Tenons-nous-en donc à la maxime américaine du
self government : la liberté de l'individu, de la cité et
de la province; l'État réduit à une gérance d'intérêts.
Voltaire disait avec raison : un gouvernement ne doit
pas plus s'occuper de ma religion que de ce que je mange
à mon dîner. Il ne doit pas s'inquiéter davantage
de l'idée que j'ai de Dieu. Que ceux qui sont certains
de sa non-existence, prêchent, discutent, pérorent,

écrivent; mais qu'ils laissent la même liberté à ceux dont l'esprit se refuse à accepter leurs démonstrations.

Mais, nous dit-on, la liberté a ses limites. Une bonne police ne permet pas de vendre librement des poisons ; or les religions sont des poisons bien plus pernicieux que toutes les substances toxiques. On ne doit pas souffrir que les populations en soient infectées. — D'abord, est-il bien certain qu'on doive réglementer la vente des substances dangereuses ? Dans bien des pays, la police ne s'en occupe pas ; il n'y a pas de mesures préventives, on se borne à punir les délits. En France, il y a des règlements ; mais il est facile de montrer qu'ils sont défectueux et ne remplissent pas leur but. Une substance n'est dangereuse que suivant l'usage qu'on en fait ; elle n'a rien de mauvais en soi ; et même les poisons ont des usages utiles. L'eau-de-vie, par exemple, n'a rien de nuisible pour celui qui en use modérément, elle peut même fortifier et servir à entretenir la santé ; mais il y a des gens qui en font excès et qu'elle empoisonne. Presque tous les poisons sont en même temps des médicaments, par exemple l'opium, le laudanum, l'arsenic. Bien des substances dangereuses ont un emploi considérable dans l'industrie ; et c'est là que ressort l'impuissance de la réglementation. Si vous allez chez un pharmacien demander un gramme d'acide sulfurique, il ne vous le délivrera que sur ordonnance du médecin : mais si vous en demandez un hectolitre chez un droguiste, il vous le vendra sans difficulté. Il s'ensuit que le mieux serait de laisser, même pour les matières toxiques, le commerce libre et de renoncer à des règlements qui gênent les honnêtes gens et n'arrêtent jamais les malfaiteurs. Toutefois, nous n'insistons pas sur ce point, et notre opinion à cet égard doit être regardée comme indépendante de ce que nous allons dire des religions. Nous avons eu seulement pour but, en faisant ces observations, d'indiquer que, dans toutes les manifestations de l'activité humaine, la liberté vaut mieux que la règlementation administrative, toujours tracassière et vexatoire, et que la comparaison employée par nos adversaires n'a pas de valeur démonstrative.

Toute religion, nous dit-on, est un poison. C'est l'avis de ceux qui n'en ont aucune. Mais, au contraire, les sectateurs d'une religion quelconque assurent, avec une entière conviction, que c'est pour les hommes le plus grand des bienfaits, le trésor le plus précieux, que l'incrédulité, comme ennemie de la religion, est un affreux poison qu'une bonne police ne devrait pas laisser circuler. Si donc, on écoutait ces réclamations, l'autorité interdirait les livres où l'on outrage la religion (et c'est ce qui se fait en France et dans d'autres pays). Cette interdiction faite au nom d'une religion, nous la jugeons odieuse. Mais l'interdiction au nom de l'irréligion, ne l'est pas moins. Chacun appelle poison toute opinion contraire à la sienne. Ce n'est qu'une traduction de la formule de l'intolérance ; elle est réfutée par ce que nous avons dit ci-dessus. Il serait inique qu'un homme, à l'exemple de ces rois persécuteurs que nous avons rappelés, voulût imposer ses opinions aux autres hommes. Chacun de nous doit se résigner à ne pas trouver le genre humain docile à ses prédications, à voir circuler dans le monde des idées que nous trouvons fausses, dangereuses et toxiques. Il faut bien en prendre son parti. L'État, on ne saurait trop le répéter, ne doit pas intervenir dans le débat ; même quand les deux partis extrêmes se traitent réciproquement d'empoisonneurs, il doit rester neu-

tre..., à moins que des paroles on n'en vienne aux
coups; et même alors il n'agit que pour rétablir la paix,
sans décider lequel des poisons moraux est meilleur
ou pire que les autres.

On demande si la liberté de discussion sera illimitée.
Les seules limites sont celles qu'assigne le sentiment
moral, inspiré par des principes incontestables et partout admis. Ainsi, l'on ne peut tolérer les obscénités,
les écrits ou tableaux qui outragent ouvertement la
morale. Viennent ensuite ceux qui contiennent l'exci-
tation directe à commettre les crimes. Et encore,
même pour ces sortes d'écrits, ce ne sera pas un aréo-
page qui, par voie de censure, en interdira la publica-
tion; ce sera le jury qui appréciera et décidera s'ils
doivent être supprimés.

On insiste en rappelant les maux causés par les religions, l'esprit d'intolérance du catholicisme, les crimes qu'il a inspirés. Tous ces griefs s'adressent à la
secte et non aux individus. Un catholique est un citoyen qui invoque le droit commun; on ne pourrait
l'incriminer que pour sa conduite personnelle, pour
les délits qu'il pourrait commettre. Mais s'il respecte
la loi, on ne peut alléguer contre lui ce que font ou
ont fait des catholiques à des époques quelconques.
On aura beau dresser la litanie des crimes du catholicisme, le sectateur est en droit de répondre : « Je n'y
suis pour rien; je n'ai, ni tué les Albigeois, ni assas-
siné Henri IV. Flétrissez le mal dans le passé, soit.
Mais un homme ne peut être jugé que par ses actes. »
— Mais, dira-t-on, les mêmes maximes qui ont fait
tant de mal, sont aujourd'hui prêchées; donc, nous
sommes exposés à ce qu'elles produisent les mêmes
calamités.

Le fait de prêcher une mauvaise doctrine n'est imputable qu'à ceux qui le commettent. La plupart des catholiques ne prêchent point; on ne peut donc les rendre responsables des doctrines transmises dans la communauté à laquelle ils appartiennent. Quant aux prêtres qui prêchent réellement, on ne pourra les incriminer que d'après ce qu'ils auront dit en chaire, et pour le cas seulement où leurs discours contiendraient des délits prévus et caractérisés par la loi. Si, par exemple, un curé prêche sur l'aumône, on ne pourra le persécuter ni le poursuivre, sous prétexte que les curés ligueurs prêchaient le régicide. A chacun le sien... On nous assure que si nous ne purgeons pas la France du clergé, il ramènera parmi nous la guerre civile, la Saint-Barthélemy, l'Inquisition, etc. On ne peut mettre en jugement, ni un homme, ni une réunion d'hommes en prévision de faits futurs et contingents. Car, s'il en était autrement, il n'y aurait pas un individu qui pût se croire à l'abri des poursuites. Vous êtes inoffensif, c'est vrai, mais si je ne m'assure pas de votre personne, vous m'assassinerez *peut-être*, donc je suis autorisé à prendre les devants et à sévir contre vous. Ce serait imiter les tyrans les plus infâmes, les Tibère, les Caligula. Personne n'est autorisé à considérer comme réels et accomplis des faits hypothétiques.

Quant au prétendu danger qu'on nous signale, nous devons être suffisamment rassurés par l'état de l'opinion et des mœurs. On ne trouverait pas aujourd'hui une population qui, à la voix d'un fanatique, égorgerait les hérétiques. Le meilleur moyen de prévenir le retour des crimes de religion, c'est de séparer le spirituel du temporel, de supprimer, avec le buget des cultes, tous les priviléges dont jouit aujourd'hui le clergé. Alors ce corps qui vous paraît si redoutable, perdra la majeure partie de ses forces et de son influence. Réduit à vivre du droit commun, il aura à subir la discussion devenue libre, à lutter contre toutes les concurrences.

Les hébertistes ont présenté, à ce sujet, un étrange argument. « Nous ne pouvons, disent-ils, accepter un régime qui accorderait à tous les partis une égale liberté. Car les effets de la liberté ne seraient pas égaux. Nous sommes faibles, peu nombreux; tandis que le clergé est riche, nombreux, savamment organisé et hiérarchisé. La lutte ne serait pas possible. Nous serions dans la position d'un homme nu qui aurait à combattre un soldat armé de pied en cape. » C'est dire, en d'autres termes, qu'une minorité quelconque a toujours le droit d'opprimer la majorité. Voici, par exemple, une secte nouvelle qui éclot; elle est composée de douze personnes (on en a même vu qui n'étaient composées que de l'inventeur). Elle demande à user du droit de propagande; on le lui accorde. Mais elle ne s'en contente pas. Elle vient dire : « Que voulez-vous que nous fassions de l'égale liberté? Nous avons pour rivales toutes les sectes parmi lesquelles il y a le catholicisme que nous évaluons à 35 millions, les sectes protestantes et juives, et enfin les libres penseurs qui peuvent s'élever à 1 million. Dans tous ces groupes, il y a une foule d'hommes riches, savants, éloquents. Nous sommes pauvres, ignorants. La lutte ne serait donc pas à armes égales, et nous serions sûrs d'être battus. Pour égaliser les chances, il faut que toutes les sectes autres que la nôtre soient dépouillées de leurs biens, les prêtres et les chefs chassés, l'exercice des cultes interdit; que la liberté, retirée à tous, n'existe que pour nous. A ces conditions, nous allons pouvoir nous escrimer. Nous ne pouvons nous contenter de moins. » Certes une

telle prétention serait regardée comme grotesque;
c'est cependant celle des hébertistes. Ajoutons que,
s'il suffisait d'être en minorité pour opprimer un peuple, toutes les minorités seraient aussi fondées à réclamer le même privilége, et il s'en formerait, chaque jour de nouvelles qui, en vertu même de leur
nouveauté, mériteraient la préférence.

Il serait injuste que la majorité opprimât la minorité. Mais une minorité demandant, comme son droit,
d'opprimer la majorité, c'est une de ces énormités
qu'on ne sait comment qualifier.

« Il faut pourtant, nous dit-on, que l'erreur et la
superstition finissent par disparaître. Or, l'histoire
nous apprend que les religions ne s'établissent que
par la force et ne sont anéanties que par la force. Si
les empereurs chrétiens n'avaient pas écrasé violemment le paganisme, il y aurait encore aujourd'hui des
adorateurs de Jupiter. Nous devons employer contre
le christianisme les mêmes procédés dont il a usé envers ses devanciers. »

Quand même il serait vrai que jusqu'ici l'établissement et la chute des religions aient été dus à l'emploi
de la force, il ne s'ensuivrait nullement qu'on dût con-
tinuer le même système. Pendant trop longtemps, les
droits de la justice ont été méconnus; des castes ont
assujetti les populations inférieures à l'esclavage le
plus dur, les despotes se sont regardés comme ayant
les nations en patrimoine, comme pouvant les exploi-
ter à leur fantaisie, sans avoir aucun compte à en rendre. De la longue durée du mal, doit-on conclure à la
nécessité de l'éterniser? Non, sans doute. L'humanité
a marché, elle s'est éclairée; des hommes de cœur ont
protesté contre l'iniquité; les peuples ont osé envisager
ces tyrans devant lesquels on avait été habitué à trem-

bler; on a soumis à l'examen de la raison les institutions qui avaient été des instruments d'oppression. Les principes de la civilisation moderne s'opposent invinciblement au retour des monstruosités sous lesquelles ont gémi nos ancêtres. De même qu'il n'est plus possible, en Europe, de ressusciter l'esclavage, la féodalité, l'Inquisition, de même on ne peut plus souffrir qu'un pouvoir, soit qu'il procède de l'hérédité, ou de l'élection, ou de l'acclamation de la foule, ait qualité pour introduire violemment une doctrine ou pour écraser celles qui lui déplaisent. On maudit les excès qui ont été commis; on doit se mettre en garde pour en empêcher le retour. Les peuples qui ont conquis la liberté, ne se laisseront pas traiter comme les populations amollies et dégradées par la servitude.

Quant à l'assertion sur laquelle est basé le raisonnement des hébertistes, il est démenti par l'histoire. Que, dans beaucoup de cas, la force ait puissamment contribué à fonder et à renverser des religions, c'est très-vrai. Mais on a tort d'affirmer qu'il en a été toujours ainsi. Nous allons rappeler quelques exemples du contraire.

1° Le bouddhisme a pris naissance dans l'Hindoustan où dominait la religion brahmanique. Après s'y être établi pacifiquement, il en a été expulsé par la violence; il s'est répandu alors dans d'autres contrées où il a recruté d'innombrables prosélytes. Souvent persécuté, il n'a jamais été persécuteur. C'est ce qui résulte du savant ouvrage de M. Barthélemy Saint-Hilaire, intitulé : *le Bouddha et sa religion* (1). Il est

_____

(1) Voir aussi le beau travail de M. Pillon, intitulé : *les Religions de l'Inde*, dans *l'Année philosophique*, 2e année, 1869, page 422.

bon de citer surtout la manière dont le bouddhisme s'est introduit en Chine. Quelques hommes mystiques de ce pays, ayant entendu dire qu'il s'était établi, dans l'Inde, une nouvelle religion, pleine de bons préceptes, envoyèrent des députés pour l'étudier. Ceuxci, après avoir reçu l'initiation, revinrent en Chine, publièrent ce qu'ils avaient appris ; et c'est ainsi que cette religion se répandit et fut adoptée par plus de la moitié de la population du grand empire, sans que le gouvernement ait rien fait pour la favoriser.

2º La secte des quakers, fondée en 1647, s'est distinguée par sa bizarrerie, par ses formes républicaines ; elle a toujours été vue d'un mauvais œil par les gouvernements et a subi plusieurs persécutions, ce qui ne l'a pas empêchée de prospérer.

3º Au Moyen Age, la sorcellerie avait beaucoup d'adeptes. On n'a pas l'habitude de la compter au nombre des religions ; et cependant elle possède tout ce qui constitue une religion, savoir : un dogme, un culte et des prêtres ou sorciers auxquels on attribue des pouvoirs surnaturels. Ils n'étaient pas reliés en corps ; mais plusieurs des initiés se livraient à la propagande, transmettaient les traditions et présidaient à certaines cérémonies. L'autorité civile et le clergé unirent tous leurs efforts pour extirper cette secte maudite. On poursuivait devant les tribunaux criminels les individus soupçonnés de sorcellerie, et cette accusation le plus souvent ne reposait que sur des indices ridicules, sur des faits parfaitement inoffensifs. Un nombre prodigieux d'infortunés furent condamnés pour ce crime imaginaire et brûlés vifs. La croyance à la diablerie et à la sorcellerie a été un fléau affreux dont le christianisme est responsable. La multitude ni la barbarie des supplices ne servaient en rien à diminuer le nombre des sorciers ; l'intimidation était impuissante. Enfin, sous Louis XIV, un ministre raisonnable eut une idée lumineuse : il obtint une ordonnance en date du 26 avril 1672 (1), qui interdit les procès de sorcellerie. Le Parlement de Rouen présenta au roi de vives remontrances contre cet édit (2), insista pour que l'on maintînt les anciennes règles. Mais il y eut lettres de jussion ; les juges durent se soumettre et renoncer au plaisir de brûler les suppôts de Satan. Aussitôt la sorcellerie se dissipa comme par enchantement. Tant qu'on poursuivit les sorciers, il s'en trouvait en foule ; dès qu'on cessa de les poursuivre, il n'y en eut plus. Les vieilles croyances ne s'éteignirent pas immédiatement ; elles subsistent même encore parmi les populations les plus ignorantes et les plus arriérées. Mais ce ne sont là que de faibles et rares vestiges de l'ancien état de choses. La sorcellerie est à peu près oubliée ; et, même parmi les grossiers paysans qui en ont conservé le souvenir, ce n'est plus qu'une pensée fugitive. Ce qui a bien disparu, c'est la constante préoccupation du pouvoir des sorciers, c'est la frayeur qu'il inspirait. Ainsi ce que n'a pu faire la persécution la plus atroce, a été obtenu par le dédain et l'indifférence.

4° Tel a été le sort du jansénisme. Pendant un siècle et demi, il a compté de nombreux partisans : ses querelles avec la papauté ont troublé la France, la bulle *Unigenitus* était une pomme de discorde ; il n'était question, sous Louis XV, que des *appelants* ; on se disputait sur la grâce suffisante et la grâce effi-

_____

(1) Voyez MERLIN, *Répertoire de jurisprudence*, v° *sorcellerie*.
(2) Elles sont rapportées à la fin du livre curieux de GARINET, intitulé : *Histoire de la magie en France*, Paris, 1818.

cace. La monomanie des convulsionnaires servit encore à attiser le feu. Le gouvernement chercha en vain à faire cesser ces manifestations ; mais la police y perdait son latin. Les convulsionnaires trouvaient des asiles secrets où ils se livraient, dans des conciliabules, à leurs hideux exercices. Leurs écrits imprimés clandestinement, se répandaient malgré la vigilance de l'autorité. Survint l'expulsion des jésuites. Dès que les jansénistes se trouvèrent ainsi délivrés de leurs plus grands ennemis, ils perdirent subitement toute importance, on cessa de s'occuper d'eux. Dès lors, il n'y eut plus de convulsionnaires. La secte ne s'était soutenue que par la persécution. Quelques jansénistes conservèrent bien encore leurs croyances et leurs passions de sectaires ; mais, dédaignés par l'opinion publique qui porta son attention sur des sujets bien autrement importants, ils disparurent de la scène et s'éteignirent obscurément. Le nombre des jansénistes est aujourd'hui très-minime, et l'on a même quelque peine à en découvrir.

5° Après le concordat conclu entre Bonaparte et le pape Pie VII, il se trouva des membres du clergé qui protestèrent ; ils soutirent que le Souverain Pontife avait outrepassé ses pouvoirs, qu'il n'avait pu légitimement déposer les évêques. Il se forma un parti qu'on appela *la petite Église* (1). Cette église scissionnaire ne communiquait pas avec la grande Église ; elle avait son clergé particulier, ses cérémonies propres. Un membre de la petite Église aurait cru se souiller s'il eût assisté à une messe papiste. Cette secte ne fut jamais persécutée. Le gouvernement ne s'en oc-

(1) Voyez le *Dictionnaire de Théologie* de BERGIER, nouvelle édition (1844), v. *Blanchardistes.*

cupa pas, et en cela fit preuve de sagesse. La secte s'éteignit tout doucement. L'État qui l'avait laissée s'établir, n'a rien fait pour hâter sa fin.

Il n'est donc pas vrai de dire que tout, dans la vie des religions, soit dû à la force.

Parmi les projets des hébertistes, il en est un surtout qu'ils caressent avec complaisance : c'est la destruction complète de toutes les églises et édifices consacrés au culte. Tant qu'existeront ces monuments, disent-ils, la suppression des cultes ne pourra être considérée comme définitive, les croyants conserveront toujours l'espoir d'une restauration. Une fois les temples rasés, le culte ne pourra se relever.

Il est fâcheux, pour un parti, que son triomphe ait pour condition la destruction d'un très-grand nombre de monuments parmi lesquels il y a des chefs-d'œuvre qui font l'admiration du monde entier, et que les artistes et les archéologues ne se lassent pas d'étudier. On a flétri le zèle iconoclaste des chrétiens des premiers siècles, la rage de destruction dont étaient animés les peuples barbares et particulièrement les Vandales qui se sont fait ainsi une triste célébrité. Comment ose-t-on proposer de sang-froid de renouveler ces excès déplorables, en faisant disparaître des monuments si magnifiques et si importants pour la science ? On a peine à s'expliquer cette soif de démolition. Même dans les villes assiégées, les généraux font tous leurs efforts pour épargner les objets d'art et regarderaient comme un désastre irréparable la perte ou la mutilation d'un monument. Et ce serait en pleine paix, dans un siècle fier de ses progrès en tout genre, qu'on exécuterait ce sacrifice comparable au brûlement des bibliothèques, aux dévastations commises par les hordes sauvages !...

Le motif allégué n'a aucune valeur. Il est insensé de guerroyer contre des pierres et de se figurer qu'en les brisant on efface les idées qu'elles représentent. Une religion peut subsister sans les édifices qui lui étaient consacrés. Quand une communauté religieuse, après avoir été persécutée, recouvre la liberté, la perte de ses monuments, en excitant les regrets des fidèles, ne fera que leur inspirer un vif ressentiment contre les auteurs de leurs maux et un zèle ardent pour restaurer l'ancien état de choses. Les assemblées se tiendront provisoirement en plein air, comme celles des calvinistes persécutés en France, ou dans une . grotte, dans une grange, dans un local quelconque, dont la simplicité et le dénûment serviront de thème à l'éloquence des prédicateurs. Puis on recueillera des dons volontaires, on fera de pressants appels à la générosité des ouailles et l'on ne tardera pas à rebâtir des églises. Peut-être même fera-t-on comme en France après le Concordat de 1801 : c'est le budget de l'État, qui s'est chargé de réparer les pertes du catholicisme; et les révolutionnaires qui avaient abattu les églises et dansé la carmagnole sur leur emplacement, ont eu le crève-cœur de financer pour en construire de nouvelles.

Que l'on comprenne donc que ce n'est pas la hache dévastatrice qui fera écrouler les superstitions; ce sera l'arme pacifique de la parole, arme toute-puissante pour élever et pour abattre les systèmes, arme plus retentissante que la trompette de Jéricho. Mais les modifications dans les croyances d'un peuple ne peuvent s'opérer tout d'un coup, ni par la force du marteau, ni par la vertu d'un décret. Il faut l'action du temps et le seul moyen efficace, celui de la persuasion.

Quelques personnes, écoutant plutôt la passion que la raison, ne conçoivent pas qu'un libre penseur revendique les droits des croyants, et sont assez disposées à traiter de *jésuite* quiconque s'oppose à ce qu'on persécute les religions. Que ces personnes veuillent bien réfléchir, et elles comprendront que le droit est le même pour tous, qu'on ne peut le dénier à quelques-uns sans le compromettre, et qu'en demandant la liberté égale pour tous, non-seulement nous suivons la ligne de la justice et de la vérité, mais en définitive nous travaillons à sauvegarder nos propres intérêts. Car, du jour où une partie de la population serait mise hors la loi et privée des garanties du droit commun, nul ne pourrait plus compter pour lui-même sur cette garantie. Qu'une secte philosophique, athée ou autre, se mette à persécuter les catholiques, il n'y aura pas de raison pour que des rigueurs pareilles n'atteignent les protestants, les juifs, les déistes, les panthéistes, puis les athées qui ne donneront pas une adhésion complète au formulaire de la secte dominante. A force d'épurer, on finirait par ne plus trouver personne d'une orthodoxie irréprochable; personne ne serait à l'abri de la persécution. Les luttes entre les partis déplaceraient le pouvoir, auraient pour résultat de porter au pinacle ceux qui hier étaient proscrits ; les persécutés de la veille deviendraient les persécuteurs du lendemain. Il n'y aurait de sécurité pour personne. L'oppression serait générale. C'est donc assurer ses propres droits, que de maintenir ceux d'autrui. Il y a solidarité entre tous les membres du corps social. La liberté ne peut s'affermir qu'en s'étendant à tous : elle n'est pas le privilége de quelques-uns, mais le patrimoine commun de l'humanité.

Toutes les libertés se tiennent. Si l'on se croit fondé à interdire l'exercice des religions comme funestes, on sera amené, par la même raison, à interdire de faire, par la voie de la presse, l'apologie de ces religions, à prohiber les réunions de ceux qui voudraient se concerter pour les défendre. La liberté de la presse et la liberté de réunion seront donc supprimées. Après avoir fait des révolutions pour renverser des gouvernements accusés de n'avoir laissé que des libertés insuffisantes, on établirait un régime qui débuterait par supprimer toutes les libertés. Et c'est en s'armant au nom de la liberté, qu'on introduirait le despotisme.

IV

LA LIBERTÉ D'ENSEIGNEMENT

Il faut distinguer, sur cette question, l'enseignement public et l'enseignement privé. L'État doit multiplier les moyens d'instruction, les mettre à la portée de tous et faire ses efforts pour rendre l'instruction générale, On doit donc établir, dans toutes les localités, des écoles où tous les enfants seront admis gratuitement et apprendront les notions élémentaires indispensables. L'instituteur public est un fonctionnaire : sa seule mission est d'instruire. Il doit, comme l'État qu'il représente, se tenir en dehors de toutes les sectes; il donne des leçons aux enfants de toutes les familles; il n'a point à s'enquérir à quelles religions ils appartiennent. Il doit donc s'abstenir de traiter des religions, ni en bien ni en mal. Il ne doit y avoir, dans l'école publique, aucun signe ou emblème d'une religion quelconque. La prière doit en être exclue. On ne doit y enseigner, ni le catéchisme, ni l'histoire prétendue sainte, qui n'est que la mythologie de quelques religions. Le maître enseigne la lecture, l'écriture, l'orthographe, le calcul, les éléments de l'histoire de France. Il peut mêler à son enseignement une morale telle que tous les honnêtes gens puissent l'accepter, sans distinction de secte. Personne ne pourra se plaindre de l'exclusion de la religion. Car le maître ne portera aucune atteinte

aux convictions religieuses de ses élèves; il les res-
pectera par son silence. Si les parents jugent à propos
de donner à leurs enfants l'instruction religieuse, ce
sera leur affaire : ils pourront se charger eux-mêmes
de cette tâche ou recourir au ministère du prêtre. En
dehors des classes, il restera assez de temps pour que
les enfants puissent s'initier à ce genre de connais-
sances. Il en résultera que chacun sera renfermé dans
ses attributions naturelles. Le maître d'école ne doit
être l'auxiliaire d'aucun clergé ni d'aucun parti.

Quant à l'instruction privée, il appartient au père
de famille de la distribuer lui-même à ses enfants ou
de choisir ceux qu'il chargera de ce soin. Mais ici il
se présente une grave question : le père est-il maître
de l'éducation de son enfant, et spécialement a-t-il le
droit de l'élever dans sa religion? Les hébertistes se
prononcent pour la négative. Suivant eux, c'est porter
atteinte à la dignité et au libre arbitre de l'enfant, que
de lui inculquer, avant que son intelligence soit déve-
loppée, des idées erronées ; c'est vicier son esprit que
de lui enseigner une religion fausse (et elles le sont
toutes), de lui inoculer des superstitions dont l'em-
preinte sera peut-être indélébile. On ne doit pas permettre au père de corrompre, d'abrutir son enfant, de
commettre sur lui un empoisonnement moral.

S'il était admis que le père n'a pas le droit d'enseigner des erreurs à ses enfants, la même interdiction
devrait s'étendre aux instituteurs et à tous les hommes
en général. Il s'ensuivrait qu'avant d'être admis à
participer à l'éducation des enfants, il faudrait fournir
la garantie de n'avoir, sur toutes les matières pos-
sibles, que des notions parfaitement justes, de posséder la vérité absolue. Comme personne n'est en état
de satisfaire à ces conditions, ni de pouvoir constater

qu'elles sont remplies, on doit en conclure qu'il y a nécessité d'admettre comme éducateurs, même des hommes qui peuvent se tromper sur certains points. Pourra-t-on fixer du moins la limite d'erreurs qu'ils ne devront pas dépasser? Mais qui oserait assumer la mission de faire un tel règlement? L'homme le plus savant reconnaît son ignorance et sa faillibilité; il n'y a que les sots qui ne doutent de rien et croient tout savoir. Devra-t-on, à défaut de l'infaillibilité qui est une chimère, désigner certaines erreurs comme devant être proscrites, de façon que ceux qui en seraient infectés, seraient jugés indignes d'enseigner? Et au premier rang de ces erreurs, faudra-t-il comprendre les croyances religieuses? Nous sommes ramenés par là aux questions que nous avons déjà traitées. Ce qui est erreur pour l'un, est vérité pour l'autre; et il n'existe aucun juge ayant autorité pour prononcer entre eux. L'État est radicalement incompétent pour décréter la vérité ou la fausseté d'une doctrine religieuse ou philosophique. Donc, de ce qu'un homme croit ou ne croit pas à telle ou telle doctrine, on ne pourra en induire qu'il soit indigne d'exercer la puissance paternelle.

Chacun, en choisissant un plan d'éducation, agit pour ce qu'il croit être le mieux; chaque père pense qu'il est de son devoir d'élever ses enfants dans ses propres croyances qui, pour lui, sont l'expression de la vérité. Pour celui qui est attaché à une religion, cette obligation morale a la plus haute importance; car il s'agit, non-seulement d'enseigner à ses enfants la religion dont la connaissance est indispensable, mais encore de leur donner les moyens de faire leur salut. Que ceux qui ne partagent pas cette croyance la trouvent ridicule. peu importe. Mais, pour l'adepte convaincu, il n'y aurait pas de douleur plus cruelle que de savoir son enfant privé de ce qu'il appelle le bienfait de la vraie religion. Ce père a donc fait son devoir et a agi suivant son droit.

C'est ce droit qu'on nie. Voyons quelles seraient les conséquences du système qui consacrerait cette dénégation. L'autorité publique aurait d'abord à s'enquérir, à l'égard du père de famille, de ses croyances et même du degré de ferveur qu'il apporte dans les choses concernant la religion. Car, parmi les individus baptisés et élevés, par exemple, dans le catholicisme, il y a bien des différences. L'un est resté fidèlement attaché à sa religion et la pratique ponctuellement; un autre est indifférent, ne met jamais le pied à l'église, se permet de rire du clergé; un troisième est incrédule par raisonnement. Il y a en outre bien des positions intermédiaires. Tous ne pourront inspirer la même défiance. Il faudra faire une enquête sur chacun, lui faire subir un interrogatoire, mesurer exactement sa dose d'irréligion. Il faudra exercer un contrôle pour le moins aussi sévère sur la mère; sans quoi, on aurait pris une précaution inutile. Le résultat de ces premières épreuves entraînera, à l'égard d'un très-grand nombre de parents, une sentence d'indignité. Quant aux parents qui auront présenté de meilleures garanties, on les laissera provisoirement exercer leur autorité. Mais il faudra réitérer souvent, à leur égard, les investigations. Car tout homme est changeant : tel qui hier se montrait libre penseur, demain peut-être aura subi quelques influences en sens contraire et sentira se réveiller les souvenirs religieux de son enfance. L'autorité athée devra donc intervenir journellement dans le sein des familles, tout surveiller minutieusement, fouiller dans tous les coins, voir s'il n'y a pas quelque Christ, quelque image ou amulette propre à introduire le fatal virus. On ne manquera pas de s'informer de la manière dont les parents se conduisent en présence de leurs enfants, s'ils font des prières ou des signes de croix, si dans leurs propos ils laissent échapper quelques paroles sentant la superstition ou pouvant la favoriser. Ce sera une inquisition quotidienne, vexatoire au plus haut degré. Il sera bien difficile d'être réputé irréprochable vis-à-vis des alguazils du nouveau *Saint-Office :* les parents auront à craindre les dénonciations, les rapports d'où l'on pourrait induire qu'ils ont dévié, par-ci par-là, de la rigide orthodoxie athée. Chaque père tremblera d'être jugé indigne par les dépositaires de l'auguste vérité absolue, et par suite de se voir enlever ses enfants qui font toute sa joie, tout son bonheur. Plusieurs s'imposeront une contrainte pénible : s'ils n'ont pu réussir à étouffer complétement tous sentiments religieux, ils devront s'observer avec soin, de manière qu'il n'en transpire rien. Sera-ce suffisant ? Non. Ce ne sera pas assez de ne rien dire ni faire contre la vérité officielle ; on doit encore la propager, l'inculquer aux enfants. Ce sera bien dur pour ceux qui ne sont pas parvenus à posséder une certitude complète sur ce théorème philosophique, et surtout pour ceux qui, n'y comprenant rien ou peu de chose, seront toujours en danger de se tromper. Enfin il y en aura qui auront assez de courage pour refuser d'adopter une conduite réprouvée par leur conscience, et qui braveront tout pour éduquer leurs enfants suivant leurs convictions.

Il faut donc compter que beaucoup de pères refusant d'élever leurs enfants dans l'athéisme, beaucoup d'autres ne fournissant pas à l'État les garanties exigées, la plupart seront déchus de leur autorité. On sera logique, on leur enlèvera leurs enfants. Et, pour en venir là, il ne faudra pas attendre que ceux-ci aient atteint l'âge où l'esprit est déjà meublé de notions qui exerceraient une influence sur la vie entière ; il faudra, aussitôt leur naissance, les éloigner de parents indignes de les élever et capables de les empoisonner moralement. On généralisera donc, dans l'intérêt de l'athéisme, le crime commis par l'Église catholique sur le petit *Mortara*, crime qui a soulevé l'indignation universelle, et que tous les honnêtes gens se sont accordés à flétrir. La MORTARISATION deviendra universelle, ou à peu près. Par conséquent, il n'y aura plus de famille. On se gardera bien de permettre aux parents d'aller faire visite à leurs enfants ; car leurs caresses, comme leurs discours, sont pernicieux et contiennent un venin religieux. On élèvera les enfants dans des *catéchuménats* athées, semblables au catéchuménat catholique où a été élevé le petit Mortara. Là, comme à Rome, on leur apprendra à haïr et à mépriser leurs parents, comme infectés de superstitions ; on leur enseignera (toujours comme à Rome) qu'ils sont bien heureux d'avoir échappé, grâce à la providence gouvernementale, au danger qu'ils auraient couru au sein de leurs familles, et d'avoir été initiés par le bienfaisant et sacro-saint athéisme à la vérité et au salut.

La perspective d'un tel état de choses est tellement monstrueuse, qu'il y a de quoi donner le vertige. Dans les déréglements insensés des tyrans les plus odieux, on ne trouve rien de semblable. Heureusement, on se console en se demandant si l'exécution d'un tel plan est possible. Certes, les parents ne se laisseraient pas volontiers ravir leurs enfants ; leur douleur serait immense, ainsi que leur ressentiment ; il faudrait s'attendre à la résistance la plus énergique ; bien des

mères se feraient hacher par morceaux plutôt que de
se dessaisir de leurs enfants. L'État ne s'arrêterait pas
à ces obstacles et poursuivrait son but avec une logique impitoyable et inflexible. Mais comment par-
viendra-t-il à vaincre ces résistances? Ce ne pourrait
être que par la force. Mais où la trouver? Pour établir
la compression dans toutes les familles, dans toutes
les communes, pour venir à bout de parents qui se
compteraient par millions et qui formeraient la majeure partie de la population, il faudrait une armée.
Les hébertistes qui veulent supprimer l'armée, seraient donc obligés de la conserver, ne serait-ce que
pour ce but spécial. Il faudrait même qu'elle fût très-
nombreuse, et, pour la France, on ne peut guère éva-
luer à moins d'un million le nombre de soldats nécessaires pour faire réussir la grande *mortarisation*. Mais
où trouver des soldats? Il faudrait qu'ils fussent en-
tièrement dévoués à ce gouvernement qui s'est imposé
par la force, qui porte la désolation dans toutes les
familles, qui brise les liens les plus sacrés, qui ren-
verse l'ordre de la nature. Les soldats ont des familles : chacun pense avec amour à ses parents qui
attendent impatiemment son retour, à ses frères et
sœurs ; chacun espère aussi devenir père à son
tour, élever ses enfants, jouir de leur société, leur
prodiguer les marques de sa tendresse. De tels soldats
ne consentiront jamais à une expédition aussi bar-
bare : ils pourront affronter les balles de l'ennemi,
enlever une redoute, braver la mort; mais arracher un
enfant des bras de sa mère, non ; ne comptez pas sur
eux pour cette besogne de bourreau. A défaut de soldats indigènes, les dictateurs feront-ils venir des lé-
gions de Mameloucks? Ils n'en trouveront nulle part.
Leur plan est aussi impossible qu'il est anti-humain.

Il faut donc en prendre son parti. La famille sera conservée, et l'on ne pourrait la dissoudre sans bouleverser la société. Il faudra laisser chaque père de famille maître, comme par le passé, d'élever ses enfants suivant ses idées, sans que les hommes de police puissent intervenir, sous prétexte de contrôler l'usage de ce droit.

Le devoir du père est de donner ou faire donner l'instruction à ses enfants. Sera-t-il tenu de les envoyer à l'école communale? Quelques socialistes se prononcent pour l'affirmative et revendiquent ainsi pour l'État le monopole de l'enseignement. Les monopoles, en général, sont funestes, surtout ceux qui sont exercés par l'État. Celui qui jouit d'un monopole, certain que le public ne peut s'adresser qu'à lui, n'est pas stimulé par l'émulation à chercher des améliorations; il s'endort dans sa quiétude, reste immobile, routinier. Par la libre concurrence, au contraire, chacun a intérêt à surpasser ses rivaux, à réaliser sans cesse de nouveaux progrès. Le public profite de cette lutte pacifique et y gagne d'être mieux servi.

Si l'État avait seul le privilége de faire tenir école par ses préposés, il y établirait des règlements uniformes, y ferait pratiquer les méthodes que des hommes compétents auraient jugées les meilleures; tous les instituteurs seraient assujettis au même programme, exécuteraient de point en point les mêmes exercices, et aux mêmes heures. Cette uniformité imposée par la centralisation, est contraire à l'intérêt des populations. Les méthodes doivent varier suivant les circonstances; on doit les approprier au caractère des enfants, à leurs aptitudes, aux besoins des localités. Chaque jour voit éclore des systèmes nouveaux, des projets de perfectionnement : l'État n'accueille

qu'avec répugnance ces innovations que l'administration centrale est habituée à tenir en suspicion. Elle
n'en admet qu'après de longs délais, et encore, est-
elle obligée de faire un choix parmi les réformes pro-
posées, et qui souvent s'excluent réciproquement. Les
particuliers ont le champ libre pour expérimenter;
chacun adopte les méthodes qui lui conviennent, et
les pères de famille étant libres de choisir entre les
écoles rivales, pourront donner la préférence à celles
qui leur paraîtront les mieux adaptées aux dispositions
des enfants. S'il se présente un instituteur privé, plus
capable que l'instituteur public, il serait injuste que le
public fût condamné à ne pouvoir profiter des avanta-
ges qui lui sont offerts.

Le père, tenu moralement de donner l'instruction à
ses enfants, doit être juge des moyens de remplir ce
devoir. Il peut instruire lui-même son enfant. Il ne serait pas juste de lui enlever cette faculté en le contrai-
gnant d'envoyer son enfant à l'école publique. Il y a
des enfants qui s'instruisent mieux par l'éducation en
commun, mais il y en a aussi pour lesquels l'éducation
privée convient mieux. Il ne faut donc pas imposer de
règle uniforme. Si le père ne peut ou ne veut instruire
lui-même son enfant, il peut lui donner un précepteur
particulier et mettre par là l'enfant à même de faire
plus de progrès, de recevoir une instruction plus étendue que celle qui se distribue dans les écoles.

Enfin, les pères de famille qui ont les mêmes vues
en matière d'éducation, peuvent se concerter et prendre en commun un instituteur pour leurs enfants.
Nous arrivons ainsi à l'école privée. Sous un régime
de liberté, tout homme justifiant de sa capacité par un
diplôme, a droit de tenir école et de faire ainsi concurrence à l'école publique. C'est aux parents à com-

parer et à choisir. L'instituteur privé ne peut être astreint à la règle qui, comme nous l'avons vu, interdit à l'instituteur public de s'occuper, en classe, de religion. L'instituteur privé, au contraire, n'est point un délégué de l'État, il est le mandataire des parents, et rien ne doit l'empêcher de satisfaire à leurs vœux. Les parents ayant le droit d'élever leurs enfants suivant leur religion, peuvent, par la même raison, déléguer à un homme ayant leur confiance, le soin de diriger, suivant leurs convictions, l'éducation de leurs enfants. Il s'ensuit qu'il pourra exister des écoles privées, dans lesquelles, outre l'instruction proprement dite, l'éducation aura un caractère déterminé; le maître y professera certains principes religieux, pourra dresser les élèves à des exercices conformes à ces principes. Il y aura donc des écoles catholiques, des écoles protestantes, juives, etc.; il y aura aussi des écoles mixtes, dans lesquelles l'élément religieux sera assez mitigé pour n'être pas exclusif, des écoles neutres d'où la religion sera bannie. En un mot, pourvu que l'instituteur respecte la morale et les convenances, il sera libre de donner à son enseignement le caractère qui lui plaira, et les parents, suivant la direction qu'ils veulent donner à l'éducation de leurs enfants, choisiront l'école la mieux appropriée à leurs vœux. La liberté sera complète, aussi bien en matière d'éducation qu'en matière de presse. L'État laissera tout faire : son rôle se bornera, pour les écoles privées, à les faire inspecter par des fonctionnaires chargés de veiller à ce que l'hygiène soit observée dans les locaux, à ce qu'il ne se passe rien de contraire à l'ordre et aux bonnes mœurs, à ce que les maîtres s'abstiennent rigoureusement envers les élèves, de châtiments corporels et autres sévices.

Quoi? disent nos adversaires, avec votre condescendance indéfinie, nous aurons donc encore à subir
les jésuites, les frères des écoles chrétiennes, les
bonnes sœurs, et toute cette milice ecclésiastique,
qui entretient le fanatisme et la superstition!..... Non,
il dépendra de vous de ne pas les subir. Les religieux
de l'un et de l'autre sexe continueront de subsister
en vertu du droit commun, mais sans monopole,
ni privilége ou immunité quelconque. Actuellement,
dans beaucoup de localités, les congrégations ont en
réalité le monopole de l'enseignement; il n'y existe
qu'une école, l'école communale tenue par les frères.
Sous le nouveau régime, il n'en pourra être ainsi.
L'enseignement public sera essentiellement laïque;
et ce résultat sera obtenu sans qu'on soit obligé
de frapper d'incapacité aucune classe de personnes. L'école communale devant être étrangère à
toutes les sectes, et l'enseignement religieux en étant
banni, les prêtres, moines ou frères, ne pourront
exercer dans ces conditions. Aujourd'hui une foule
de parents ne confient qu'à regret leurs enfants à ces
congréganistes pour lesquels ils éprouvent une antipathie et une défiance trop bien justifiées par des
faits nombreux et déplorables. A l'avenir, ils n'éprou-
veront plus cette contrainte. Mais aussi, les parents
qui croient que l'éducation ne peut se passer du concours de la religion, auront la faculté de placer leurs
enfants dans des écoles instituées pour ce but.

Les écoles congréganistes pourront exister comme
écoles libres. Mais on établira sur elles une surveil-
lance plus sévère qu'aujourd'hui. Une sorte d'impu-
nité est accordée aux frères; les crimes qu'ils commettent, échappent le plus souvent à la vindicte des
lois, grâce à la coupable condescendance des auto-

rités qui savent que les complaisances envers le clergé sont la meilleure des recommandations. Il y a un grand nombre d'exemples d'instituteurs congréganistes, qui corrompent les enfants confiés à leurs soins, ou se livrent sur eux à des cruautés abominables. Quand il y a des plaintes, les fonctionnaires font tous leurs efforts pour les étouffer; on se contente de déplacer le frère délinquant qui ira, dans une autre école, se livrer à la dépravation de la jeunesse et infliger des tortures à de nouvelles victimes. Ce n'est que quand des faits multipliés ont causé un scandale intolérable, quand les populations indignées ont hautement demandé justice, ce n'est qu'alors que des poursuites sont exercées contre les auteurs de ces infamies. Lorsqu'aura cessé la prépondérance de l'influence ecclésiastique, on n'aura plus de ces égards, de ces mollesses; les délinquants seront poursuivis sans ménagements, condamnés suivant la sévérité des lois, et déclarés incapables d'exercer à l'avenir.

Mais il est de toute justice de ne frapper que les coupables. Les instituteurs qui font leur devoir, qui exercent d'une manière irréprochable, ne pourront, à cause de l'habit qu'ils portent, être incriminés ni déclarés indignes, ils n'auront pas à subir la responsabilité des méfaits commis par les membres de leur congrégation.

Ainsi, en résumé : l'enseignement public sera laïque, étranger à toute religion. L'enseignement privé sera libre.

V

LA BANQUEROUTE

C'est encore là un des projets favoris des hébertistes; ils n'en parlent qu'avec une joie exubérante.
Leur résolution est bien arrêtée : aussitôt qu'ils seront
les maîtres, ils aboliront la dette publique et brû-
leront le Grand-Livre. Voici leurs motifs : « Les
emprunts d'État n'ont été contractés que pour faire
des guerres injustes et désastreuses, pour servir aux
fantaisies ruineuses des divers gouvernements qui en
ont follement dissipé le produit. Ceux qui ont souscrit
ces emprunts, ont été coupables de s'associer à ces
opérations contraires au bien public ; ils méritent d'en
être punis par la perte de leurs créances. »

Considérons d'abord que, quand un gouvernement
fait un emprunt, c'est au nom de la nation, c'est en
vertu d'une loi émanant de ses représentants. C'est
donc le pays qui s'engage à exécuter le contrat, qui
donne pour garantie son honneur. La chute des divers
gouvernements ne change en rien cette position,
parce que ce ne sont pas eux qui sont débiteurs, mais
la nation qui ne meurt point et qui reste toujours
grevée des obligations contractées en son nom par
ses mandataires sous les divers régimes. La dette
est donc sacrée; il y a là un lien de justice auquel on
ne peut se soustraire. Pour une nation, comme pour
un particulier, c'est une honte que de manquer à se

parole; la banqueroute est une infamie. La mauvaise action est encore bien plus odieuse, de la part d'un État, parce que ses créanciers n'ayant jamais eu contre lui aucun moyen de poursuite, s'en sont rapportés à sa probité. L'État est insaisissable; il ne paye qu'autant qu'il le veut. Mais s'il refuse de le faire, il se couvre d'ignominie. Recevoir un capital et refuser de le rendre, déclarer même hautement qu'on répudie la dette, c'est l'équivalent d'un vol. On a toujours flétri les anciens rois qui d'un trait de plume ont anéanti leurs dettes. Convient-il à un peuple régénéré de suivre ce triste exemple? Rappelons-nous quel effet saisissant produisit l'éloquence de Mirabeau quand il évoqua le spectre de la banqueroute, de quelle généreuse indignation la France entière fut transportée à la seule pensée d'en venir à cette détermination désastreuse! N'avons-nous donc plus, comme nos pères, cet esprit d'équité, ce sentiment du devoir, qui suffisent pour écarter ces sinistres conseils?.,...

Il est malheureusement vrai que le produit de beaucoup d'emprunts a été englouti par de folles dépenses. Mais si le pays a eu des tuteurs imprévoyants et prodigues, il ne peut s'en prendre qu'à lui-même, puisqu'aucun emprunt ne s'est fait qu'avec le concours de la représentation nationale. Si plusieurs emprunts ont été infructueux, il en est d'autres dont les deniers ont servi à des travaux d'une utilité incontestable, à construire des canaux, des routes, des chemins de fer, etc. Il est impossible de distinguer parmi les diverses parties dont se compose la dette de l'État, celles qui ont eu une bonne ou mauvaise destination. Tout est confondu. Ce fut Cambon qui, pour mettre fin au discrédit dont était frappée la dette révolutionnaire, fit décréter l'unification de la dette publique et la création d'un Grand-Livre où sont portées toutes les rentes sans indication d'origine. Il est donc impossible de fixer, à l'égard de chaque titre de rente, d'où il provient. Parmi les éléments dont se compose la masse des rentes, il y en a qui remontent à l'ancienne monarchie, d'autres viennent de la première République, de l'Empire, de la Restauration, de Louis-Philippe, de la seconde République et du second Empire. Il y en a qui ont servi aux besoins les plus urgents de l'État, ont fourni les moyens de repousser la coalition et de sauver la France. Si l'on abolit tout, on répudie les dettes dont l'origine est irréprochable, on commet une injustice criante, ce que ne peuvent contester les partisans de la banqueroute. Mais comme on ne peut distinguer les origines, il s'ensuit qu'on ne peut en supprimer aucune partie, sans s'exposer à frapper les plus légitimes, et que le tout doit être maintenu intact.

Quand les rois faisaient banqueroute, ils n'atteignaient qu'un petit nombre de financiers, de gros bourgeois, qui, pour la plupart, même après cette perte, restaient encore riches. On les plaignait médiocrement, bien que le public blâmât ces mesures spoliatrices. Mais maintenant il n'en serait plus de même. La dette publique a été démocratisée, principalement par deux mesures importantes. En 1848, on donna des rentes sur l'État en paiement aux porteurs de bons du Trésor et de livrets de caisses d'épargne. Depuis l'Empire, les emprunts, au lieu d'être mis en adjudication et concédés à d'opulents financiers qui les fractionnaient entre leurs clients, ont été couverts par voie de souscriptions publiques, auxquelles les petites bourses étaient admises. Il en est résulté que la rente s'est disséminée dans toutes les

classes de la société. Ce ne sont plus, comme autre-
fois, des millionnaires qui possèdent des titres, ce sont
les petits bourgeois, les travailleurs, les cultivateurs, les
domestiques, les ouvriers. La commodité de la transmis-
sion et la sécurité qu'inspirent ces valeurs, les ont fait
rechercher; on les trouve dans les plus humbles familles. L'artisan économe et laborieux prélève, chaque
semaine, sur son salaire, quelques francs qu'il est
heureux d'aller apporter à la Caisse d'épargne; ces
mises forment peu à peu un pécule destiné à le ra-
cheter de la misère, à lui assurer, sur ses vieux jours,
des moyens d'existence, quand il sera incapable de
travailler; dès que la somme dépasse 1,000 francs,
l'administration l'emploie en achat de rentes. Cet
homme a-t-il à s'inquiéter de qui cette rente est ache-
tée, par quelles mains elle a passé, quel a été l'emploi
de l'emprunt dont elle représente un minime fragment?
Non, sans doute. Peut-on lui reprocher d'avoir, par
cet achat, favorisé les dilapidations de tel ou tel des
gouvernements qui se sont succédé? Ce serait insensé.
Et c'est sur lui qu'on veut faire peser la spoliation,
c'est à lui qu'on ravit le fruit de ses sueurs! C'est cette
multitude innombrable de petits rentiers, qu'on veut
condamner à la misère, au dénuement le plus affreux!
Y a-t-il rien de plus odieux, de plus inique?...

Dans beaucoup de cas, les achats de rente ne sont
pas volontaires. Les tuteurs y emploient les deniers
de leurs pupilles, afin d'en faire un usage productif;
souvent, en vertu de jugements ou de contrats, un
même emploi est donné à des fonds appartenant à des
mineurs, à des femmes mariées, à des absents. Tous
ces gens-là sont obligés d'accepter ce qui a été fait
en leur nom, sans leur assentiment personnel. N'importe: on les rendrait responsables de la mauvaise

gestion (réelle ou prétendue) des gouvernements ayant existé et ayant disparu de la scène avant la naissance de ces rentiers.

Les communes, bureaux de bienfaisance, hôpitaux, hospices et autres établissements charitables sont obligés d'employer en achats de rentes leurs capitaux et excédants de recettes; ces établissements sont on ne peut plus dignes d'intérêt; c'est surtout à la classe la plus nombreuse et la plus pauvre, que sont affectées leurs ressources. On ne peut reprocher à leurs administrateurs la connivence avec les gouvernements dilapidateurs, puisque ces achats sont forcés en vertu de lois et règlements. La banqueroute anéantirait la majeure partie de leurs revenus, la totalité pour quelques-uns. Se figure-t-on les conséquences calamiteuses d'une telle spoliation? Les hôpitaux privés de dotation, les malades, infirmes, incurables expulsés, jetés sur le pavé, sans pain et sans secours!...

Il existe en France un nombre de plus en plus considérable de sociétés de secours mutuels, et c'est là une des plus belles institutions qu'on ait jamais inventées. Les fonds de ces sociétés sont généralement employés en rentes, parce que c'est là le placement le plus commode et celui qui est réputé le plus sûr. La banqueroute ruinerait et ferait évanouir toutes ces sociétés si utiles à la classe ouvrière; les associés, qui comptaient y trouver des ressources en cas de maladie ou de chômage, qui se flattaient d'une petite pension de retraite quand l'âge aurait paralysé leurs forces, tous ces valeureux soldats de l'industrie seraient subitement dépouillés du produit de leurs longs labeurs. Et cette exhérédation cruelle leur serait infligée au nom de la démocratie! Ce serait le peuple qui serait censé signifier à ces enfants du peuple leur

affreuse sentence! C'est par ce *don de joyeux avénement*
que ses tuteurs lui montreraient leur tendre sollicitude!

Celui qui ne tient pas ses engagements, perd tout
crédit. Un gouvernement banqueroutier ne trouverait donc plus de prêteurs. Et quel est le gouvernement qui peut se flatter de n'avoir jamais besoin de
recourir à l'emprunt? Il peut se faire que des dépenses utiles, indispensables s'accumulent de manière
à excéder les prévisions, qu'il y ait des déficits dans les
recettes, qu'une agression de la part de l'étranger
oblige de soutenir une guerre dont on ne peut jamais
prévoir la durée, ce qui exigerait des armements con-
sidérables et des dépenses énormes. Les ressources
ordinaires ne pourraient suffire pour faire face à ces
besoins financiers. Dans ces cas, on a toujours re-
connu qu'il était juste d'emprunter et de faire peser
sur les générations futures une partie des charges ac-
cidentelles, causées par ces événements. Un État fait
alors ce que ferait un particulier qui aurait besoin,
par exemple, de rebâtir sa maison ou d'ajouter à son
usine des perfectionnements coûteux : ne pouvant
couvrir ces dépenses extraordinaires au moyen de ses
revenus, il emprunte, et s'il a de l'ordre, il rembourse
successivement et parvient à se libérer. Mais que de-
viendrait un État qui, au lendemain d'une banqueroute, ferait un appel aux prêteurs? Les capitaux res-
teraient sourds; et, faute d'argent, on se trouverait
hors d'état de pourvoir aux nécessités du moment, peut-
être de repousser l'invasion...

En 1848, il y eut une crise financière, les caisses
de l'État étaient vides, on cherchait des expédients.
Quelques hommes proposèrent la banqueroute. Mais,
indépendamment de l'immoralité d'une telle mesure,
on fit observer que la banqueroute ne remplirait pas

le déficit, n'apporterait aucune ressource et éloigne-
rait au contraire celles sur lesquelles on pouvait compter. Le Gouvernement provisoire comprit que l'hon-
nêteté est le meilleur titre à la confiance ; on respecta
tous les engagements de l'État, on imposa aux pro-
priétaires un sacrifice très-supportable (les 45 cen-
times), et l'honneur de la France fut sauf.

Si jamais les projets désastreux que nous cherchons
à combattre, venaient à se réaliser, ces funestes résolutions seraient bientôt frappées d'impuissance. En
effet, le nombre des rentiers qu'il s'agirait de ruiner,
est tellement considérable que certainement ils ne se
soumettraient pas sans résistance à l'arrêt de spoliation. On aurait beau brûler le Grand-Livre, ce splen-
dide auto-da-fé ne serait pas regardé comme consom-
mant l'extinction de la dette. Les rentiers se garde-
raient bien de livrer leurs titres ; ils les conserveraient
précieusement et les soustrairaient à toutes les re-
cherches policières. Ils nourriraient l'espoir de les
faire revivre, et le rétablissement de la rente serait
un des premiers articles du programme de l'opposition qui se formerait aussitôt. Tous les intérêts sacri-
fiés se coaliseraient ; dans ce concert entreraient tous
ceux qui auraient à se plaindre du nouvel état de choses. Et cette légion de mécontents, qui irait toujours
en grossissant, finirait par former une masse tellement imposante qu'elle entraînerait la chute du gouvernement révolutionnaire. Il n'y aurait plus alors
qu'à refaire un nouveau Grand-Livre à l'aide de tous les
titres qui seraient représentés. Cette restauration se
ferait aux applaudissements de l'immense majorité de
la population. Qu'auraient donc gagné les démolis-
seurs ? La honte et l'exécration publique. Beau moyen,
en vérité, pour faire accepter un gouvernement !

VI

LE SOCIALISME

Qu'est-ce que le socialisme ? Il est difficile d'en donner une bonne définition ; cette expression est employée dans des sens très-différents. Il importe de
bien s'entendre afin que le débat puisse produire quelque lumière.

De tous temps il s'est trouvé des penseurs qui ont
réfléchi sur l'inégalité parmi les hommes, en ont dé-
ploré les mauvais résultats et se sont demandé s'il
était possible d'y porter remède. On ne peut nier que
le sort des classes inférieures ne soit extrêmement
triste. Pendant que certains hommes, nés dans l'opu-
lence, jouissent de tous les raffinements de la civilisation, peuvent à loisir cultiver leur intelligence, se livrer
à l'étude, développer toutes leurs facultés, se frayer
ainsi le chemin des honneurs et des dignités, il y en a
d'autres condamnés, par le hasard de la naissance, à
la misère, aux souffrances les plus cruelles, aux priva-
tions, à l'ignorance. Dans les couches infimes de la population, il y a des familles dont les enfants n'ayant
reçu de leurs parents que des leçons et des exemples
de perversité, sont fatalement voués au vice et au
crime. Une foule de jeunes filles, ne pouvant parvenir
à vivre d'un travail honnête, ne peuvent échapper à la
dépravation et servent à recruter la hideuse phalange
de la prostitution. Dans les grandes villes, les petits

enfants qui auraient besoin d'air, de lumière, de mou-
vement, sont embrigadés dans les manufactures, privés de liberté, forcés d'exécuter un travail monotone,
abrutissant, contraire à la santé, trouvent à peine
quelques instants pour recevoir des leçons bien insuffisantes. En un mot, le prolétaire, bien que décoré du
titre d'homme libre, est en réalité esclave du besoin.

Un tel état de choses est-il définitif? Faut-il se résigner à voir à perpétuité la majeure partie de la population subir un sort aussi malheureux? Ceux qui répondent par la négative, ceux qui déclarent que la misère
doit un jour disparaître, ceux-là sont *socialistes*. Ils af-
firment que, dans une société bien constituée, nul ne
doit manquer du nécessaire, que tous doivent être
pourvus des moyens de développer et d'exercer librement leurs facultés, et obtenir par le travail une ré-
munération convenable, des moyens d'existence pour
eux et leur famille.

L'anti-socialiste, au contraire, est celui qui, se ren-
fermant dans son égoïsme de caste, veut à tout prix
maintenir les priviléges du patriciat; qui croit qu'une
minorité de favoris de la fortune doit à tout jamais
goûter la somme de bonheur réservée à l'homme, et
que le surplus de l'espèce humaine n'a d'autre fonc-
tion que de les servir et est vouée à une misère perpé-
tuelle et irrémédiable.

Les socialistes admettent que l'état social actuel est
vicieux et qu'on doit chercher à l'améliorer. Mais ils
sont loin de s'entendre sur ces moyens.

Les uns, considérant que la plupart des maux viennent de l'excessive inégalité des conditions, et que
cette inégalité est due en majeure partie à la propriété
individuelle et à l'hérédité, proposent de supprimer
ces institutions.

D'autres regardent ces mêmes institutions comme les bases de l'ordre social, en demandent la conservation, pensent qu'on peut les réformer sans les détruire, qu'un changement brusque et radical dans l'organisation sociale est impossible, et qu'on doit se contenter d'améliorations progressives par des réformes partielles.

Les socialistes *autoritaires* ont des systèmes arrêtés et se proposent de les imposer de force aux populations et de faire leur bonheur, même malgré elles, par mesures dictatoriales.

Les socialistes *libéraux* ne font appel qu'à la persuasion pour faire accepter leurs idées, et sont convaincus qu'une réforme, pour produire des effets durables et salutaires, doit s'établir du plein gré de ceux auxquels elle est destinée, et répondre à leurs besoins et à leurs vœux.

Les systèmes socialistes sont très-nombreux. Celui qui a le plus de faveur parmi les hébertistes, est le communisme, auquel on a récemment donné le nom de *collectivisme*, sans en changer la nature. D'après cette théorie, il n'y a plus ni propriété individuelle, ni hérédité. Tous les biens appartiennent à la communauté, tous les hommes sont tenus de fournir à la société leur contingent de travail et ne sont détenteurs des instruments de travail que comme fonctionnaires publics; il n'y a plus de priviléges de naissance, l'égalité est réalisée; et l'on se flatte de faire disparaître ainsi tous les maux causés jusqu'ici par l'inégale répartition des richesses. — Telle était la doctrine de Cabet qui lui avait donné le nom d'*Icarie*. Il est allé en Amérique, avec un petit nombre d'adeptes, pour en faire la réalisation. L'essai fut des plus malheureux. La petite société icarienne végéta misérablement quelques

années, puis s'éteignit par l'abandon de la plupart de
ses membres. Leurs relations du genre de vie qu'ils
avaient mené n'est nullement propre à faire aimer le
communisme. J'en ai connu un qui m'en fit une des-
cription des plus tristes, et qui était complétement
désabusé de ces chimères. Sans doute, on ne doit pas,
d'après cette seule tentative, prononcer une condamnation irrévocable : d'autres essais faits dans de meilleures conditions, donneraient peut-être des résultats
plus satisfaisants. Mais il y a là une leçon dont on doit
profiter.

On demande comment se ferait, sous le régime du
communisme, la distribution des emplois. Suivant la
plupart des adeptes, ce sera d'après la capacité cons-
tatée par des juges. Mais ici se présentent d'immenses
difficultés. Nous entrons dans un monde nouveau,
dont le monde actuel ne peut nous donner aucune
idée. On suppose tous les enfants élevés en commun
et uniformément; puis, à un certain âge, le jury les
classe d'après des examens et leur attribue à chacun
une profession, décide du rôle qui leur sera assigné
pour toute la vie. Quelle mission redoutable! On ne
peut y songer sans épouvante. Comment prononcer
souverainement sur ce dont un homme est capable, et
lui fixer le genre de travail auquel il sera assujetti à
perpétuité? Comment empêcher la faveur, le caprice,
l'impéritie de dicter des arrêts d'une aussi haute gravité? Il y a beaucoup d'individus dont les aptitudes ne
se manifestent que tardivement, et qui, mis à même de
les cultiver, peuvent montrer un jour une supériorité
qu'on n'avait pas soupçonnée. Un enfant qui, à quinze
ans, a peu profité des leçons qu'il a reçues, n'annonce
à ses juges que de faibles dispositions ; on en fait un
manouvrier, un balayeur de rues, un mineur condamné

à être enfoui dans les houillères. Et peut-être que
si on l'eût laissé libre de choisir sa carrière, il serait
devenu un savant de premier ordre, un artiste, un lit-
térateur. Il devra subir la profession qu'on lui inflige,
il aura le regret cuisant de se sentir appelé à de nobles
travaux; il faudra qu'il reste courbé sur la tâche in-
grate qui lui aura été dévolue. Bien peu de personnes
accepteront avec satisfaction les décisions du jury;
tous convoiteront les occupations intellectuelles, les
positions douces, les postes éminents; nul ne se sentira de vocation pour les corvées pénibles, basses, dé-
goûtantes, pour le métier d'artisan. On objecterait en
vain qu'il en est de même dans l'état actuel. Aujour-
d'hui le classement est fait, en grande partie, par le
hasard de la naissance et est susceptible de critiques
fondées; mais il se présente comme l'effet d'une nécessité, comme une loi qu'on n'est pas encore parvenu à
réformer; tandis que, dans le communisme, ce sera la
décision de quelques hommes, décision qu'on ne manquera pas d'incriminer et à l'autorité de laquelle ne
se soumettront pas de bonne grâce les gens mal lotis.
De plus, actuellement, celui qui est né dans l'indi-
gence, bien qu'il ne puisse exercer ses facultés que
dans un cercle étroit, a du moins une certaine latitude pour le choix d'un état, il n'est pas parqué dans
une caste, il peut quitter un genre de travail dont il
est mécontent pour en prendre un autre plus conforme
à ses aptitudes; il peut, à force de persévérance, s'é-
lever au-dessus de sa condition, devenir manufacturier; et l'on voit des anciens ouvriers parvenir aux
plus hautes fonctions. Dans le communisme, au contraire, l'homme est destitué de toute liberté quant au
choix de sa profession, il est enchaîné à sa tâche
comme le serf à la glèbe.

Dans un tel état de choses, le mécontentement sera presque général. Sauf les membres du jury et leurs favoris qui auront obtenu de bonnes et douces positions, tous se plaindront d'avoir été mal classés, méconnus, incompris. On maudira sa profession, on ne travaillera qu'avec répugnance, et par conséquent on en fera le moins possible. Partant, plus d'élan, plus d'énergie; partout la langueur et la décadence.

La répartition des produits présente des difficultés non moins ardues. La commune donne à tous des parts égales. Rien de moins équitable que cette égalité. Non-seulement les appétits matériels diffèrent suivant les individus, mais encore les besoins sont de natures très-diverses. Il y a des hommes qui se préoccupent surtout de la satisfaction des sens, et pour lesquels la bonne chère doit avoir le premier rang. D'autres réclament principalement les jouissances intellectuelles et artistiques; il leur faut la musique, les fêtes, la contemplation des chefs-d'œuvre, les voyages, les entretiens avec des hommes d'esprit, etc. Le communisme est nécessairement incapable de donner satisfaction à ces aspirations. Les bénéfices sociaux, divisés par le nombre des parties prenantes, donnera pour chacun un maigre dividende dont on devra se contenter. La société ne pourra, d'après ses principes, accorder à aucun membre des priviléges exceptionnels; elle sera donc forcée de renoncer au luxe, c'est-à-dire à tout ce qui excède le strict nécessaire exigé par les besoins de la vie. Plus d'édifices somptueux, de peintures, de sculptures, plus de ces produits magnifiques dans lesquels l'artiste déploie son imagination. La vie deviendra terne, monotone, l'ennui y dominera.

Les travailleurs ne pouvant, quoi qu'ils fassent, s'élever au-dessus de la condition qui leur est assignée,

ne seront pas stimulés à perfectionner leur métier ;
n'ayant à espérer aucun avantage, ils n'auront pas
de motif qui les pousse au progrès. Ils se borneront à
la tâche exigée, sans chercher à faire mieux. L'apa-
thie sera générale, l'activité sera paralysée ; on tom-
bera dans une torpeur qui ne peut être comparée
qu'à celle de la vie monastique.

C'est ce qui est arrivé pour la république du Para-
guay où les jésuites avaient établi une sorte de communisme dont ils s'étaient réservé la dictature. Tel a
été aussi le sort de la colonie Nauvoo, fondée par
Cabet.

En un mot, le communisme, c'est la servitude et la
pauvreté universelles.

Quant à l'hérédité, il est à considérer que la plupart des hommes qui se livrent avec ardeur au travail, y sont excités par le désir de jouir du fruit de
leur activité, de pouvoir en disposer à leur gré, et de
le transmettre à leurs enfants. Sans cette perspective,
ils se ralentiraient, ils n'auraient plus cette énergie
passionnée qui triomphe des obstacles, qui enfante le
progrès. Dans le communisme, l'individu, ne pouvant
rien amasser, rien transmettre à ses enfants, sera privé
du stimulant le plus puissant.

La plupart des prôneurs des systèmes socialistes se
bornent à des déclamations contre la propriété ; ils
n'apportent pas de plan d'organisation, nettement
tracé, prêt à être mis à exécution. Quand on leur reproche de rester dans le vague, de ne présenter que
des ébauches ; ils répondent qu'on ne peut dès à pré-
sent régler tous les détails, qu'il suffit de poser les
principes. Mais quand on se propose de faire table
rase des institutions consacrées par un long usage et
enracinées dans les mœurs, il ne suffit pas de leur op-

poser quelques formules. Si demain les hébertistes
arrivaient au pouvoir et décrétaient l'abolition de la
propriété et de l'hérédité, sans introduire un système
complet qui dût en tenir la place, il en résulterait une
affreuse désorganisation. Une pareille imprévoyance
de la part des novateurs est inexcusable. On est en
droit de leur dire : « Vous croyez posséder les
moyens de faire cesser les maux de la société. Expo-
sez ces moyens ; faites-nous connaître, en détail, votre
plan d'un nouvel ordre social ; indiquez-nous comment fonctionneront les pouvoirs établis, comment se
distribueront les emplois, quel sera le rôle du travail-
leur, en quoi consisteront les droits et les devoirs,
comment se fera la répartition des bénéfices, etc. Ap-
portez-nous un code complet, de manière que nous
nous fassions une idée exacte du monde où vous voulez nous introduire. Quand vous aurez publié cette
exposition, l'opinion publique pourra l'examiner, la
juger ; il s'établira un débat contradictoire ; on pourra
présenter des observations, des objections qui peut-
être vous feront apercevoir des défauts que vous
n'aviez pas vus d'abord, et vous détermineront à
remanier, à corriger votre œuvre. Dans votre intérêt,
vous ne devez procéder qu'après avoir fait appel aux
conseils des gens éclairés. Tant que vous n'aurez pas
soumis votre projet à ce contrôle, la prudence vous
commande de vous défier de vous-mêmes, de ne pas
vous avancer à la légère. Et cependant, c'est sans
avoir pris ces sages précautions, que vous voulez vous
hasarder à faire une expérience, à renverser les institutions et à vous offrir comme sauveurs, en appor-
tant un système qui n'est pas mûri, qui n'a pas subi
les épreuves de la contradiction. Vous ne craignez
pas de jeter la confusion, la perturbation dans la so-

ciété. Il y a là une témérité, une outre cuidance des plus blâmables. »

On ne peut faire un reproche semblable à Fourier dont le système se distingue au milieu de tous les projets de palingénésie. Il maintient la propriété qu'il se contente de transformer en propriété actionnaire; il conserve la liberté individuelle, à laquelle il donne le plus large essor. Nous n'avons pas à donner ici l'analyse de ses théories, œuvres d'un génie supérieur. Nous voulons seulement appeler l'attention sur un principe extrêmement sage, par lequel se recommande ce réformateur qui unit la prudence à l'audace. Il dit à ceux qui, comme lui, vantent leur panacée : « Vous voulez réformer la société de fond en comble. Vous croyez vos moyens excellents; mais vous n'avez pu faire partager vos convictions par la majeure partie des populations. Ce n'est donc qu'en le leur imposant par la violence, que vous pouvez mettre en pratique votre système. Vous êtes condamnés à procéder par le despotisme, et même, en cas de résistance, par la terreur. Mauvais moyens pour introduire l'harmonie! Les hommes se défient, et avec raison, de celui qui veut faire leur bonheur malgré eux. Ce n'est pas tout. Vous n'êtes pas infaillibles, et vous devez reconnaître qu'il est impossible de calculer exactement d'avance tous les effets que produira dans la pratique un système social, élaboré dans le cabinet. Il pourrait donc bien arriver que votre théorie, qui vous paraît si séduisante, ne fonctionnât pas suivant vos prévisions ; et alors vous auriez désorganisé la société, pour n'introduire que la confusion, la ruine, le chaos. Le remède serait pire que le mal. On conçoit qu'une nation ne veuille pas courir des chances aussi terribles, et qu'elle refuse de vous confier le soin de

la guérir. Elle préfère prendre son mal en patience...
Eh bien, il est un moyen facile de se prémunir contre
des résultats aussi désastreux. Au lieu d'expérimenter
sur une nation entière, il s'agit de ne faire qu'une expérience locale, sur une petite échelle (c'est ce que
nous demandons pour le phalanstère). Qu'on ne con-
vie à cet essai que de zélés sectateurs du système en
question, qui voudront y consacrer leur travail personnel et une partie de leurs capitaux. On opérera
sous les yeux du public qui pourra contrôler et s'éclairer par l'observation. En cas de succès, la cause sera
gagnée. Le premier essai ayant réussi, entraînera des
imitateurs, et la séduction produite par le bien obtenu, gagnera toutes les populations qui ne tarderont
pas à adopter librement et avec enthousiasme, l'heu-
reuse innovation. En cas d'insuccès, la société n'aura
rien souffert, l'ordre n'aura été nullement troublé ; le
système sera jugé impraticable. Ce n'est pas à dire
qu'il sera condamné sans appel ; mais l'expérience
en aura fait voir le côté faible, et les expérimenta-
teurs auront à se remettre à la besogne pour corriger,
s'il y a lieu, leur théorie et en faire disparaître les in-
convénients. »

C'est ainsi qu'a opéré Cabet dont les efforts sont
dignes d'éloges et qui, dans sa tentative communiste,
n'a compromis que lui et ses associés. Personne n'est
en droit de lui adresser des reproches. Que les collec-
tivistes suivent cet exemple, qu'ils se procurent à leurs
frais un territoire sur lequel ils mettront leur théorie
en pratique : on les verra à l'œuvre et on les jugera
par les résultats. S'il ne s'agissait que d'une décou-
verte industrielle, nul manufacturier sensé ne se ris-
querait à l'adopter en grand, avant d'avoir fait et ré-
pété des essais en petit ; en agissant autrement, il crain-

drait de s'exposer à des déconvenues ruineuses. Et quand il s'agit d'un changement radical dans les mœurs et les institutions d'une grande nation, on irait étourdiment, sans précautions, s'aventurer dans des voies inconnues, appliquer des conceptions romanesques, que leurs auteurs n'ont pas même exposées avec précision! Ce serait de la démence.

Ce qui serait pire que de la démence, ce serait le despotisme qui, malgré les résistances les plus énergiques, voudrait forcer un peuple à adopter ses utopies. Ce sont là des prétentions tyranniques contre lesquelles on ne saurait trop protester.

Que le socialisme scientifique et pacifique poursuive ses études, cherche des moyens d'amélioration. Ne désespérons pas de trouver un jour la solution du problème. A défaut de solution complète, accueillons toutes les réformes compatibles avec l'état des esprits, et propres à apporter quelques adoucissements aux souffrances des prolétaires, à réaliser de plus en plus le règne de la justice. Ni la propriété ni l'hérédité ne sont des fétiches qui doivent éternellement subsister dans leur état actuel. Nul ne peut enchaîner les générations futures, ni affirmer qu'elles ne feront pas subir à ces institutions des modifications plus ou moins graves. Nul ne sait ce que seront les mœurs de l'avenir. Mais ces changements ne pourront s'introduire qu'après avoir été longuement et sérieusement discutés, qu'après que les esprits auront été préparés à les accepter; les progrès répondront au vœu général, en conformité des mœurs; ils s'effectueront par la liberté, sans secousse et sans spoliation.

VII

LA TERREUR

La grande révolution française, malgré ses immenses bienfaits, a laissé dans les populations un souvenir fâcheux, elle est restée tachée du sang qu'elle a versé, des excès auxquels elle a donné lieu, et le mot de république excite encore un sentiment d'effroi et de répulsion. Le temps n'a pu effacer cette impression. Employez tous les arguments les plus solides pour prouver que la forme républicaine est la plus rationnelle, la plus propre à garantir tous les droits, à assurer la félicité publique : on vous répondra en évoquant la terreur et les échafauds. En 1848, la République a tout fait pour dissiper ces sinistres préventions. Ni le Gouvernement provisoire, ni la Commission exécutive n'ont commis de proscriptions, d'actes de violence, d'attentats contre la liberté ; l'esprit d'équité a inspiré tous leurs actes, pas un citoyen n'a pu se plaindre d'un fait d'oppression (1). Cette conduite sage et magnanime était certainement de nature à rallier les esprits à la République. Mais les fatales journées de mai et de juin ont fait renaître les alarmes, et le langage violent des ultra-révolutionnaires a achevé d'éloigner de la

(1) Je ne puis étendre ces éloges au gouvernement de Cavaignac, qui a déshonoré sa victoire de juin en déportant sans jugement plus de 10,000 citoyens.

République une grande partie de la population. Les
hébertistes ont tout fait pour déconsidérer la cause
républicaine. Ne pouvant se faire accepter, ils veulent
s'imposer de force ; et une fois engagés dans cette voie
déplorable, ils sont obligés de suivre les conséquences
du système qu'ils ont adopté. Ils sentent que ce n'est
que par la terreur qu'ils pourront se maintenir ; ils en
font leur arme favorite ; ils annoncent leur intention
de dominer par l'intimidation, d'employer contre ceux
qui leur résisteront les mesures les plus cruelles ; ils
promettent de déporter tous les prêtres, de guillotiner
tous ceux qui auront exercé des fonctions publiques
sous le gouvernement actuel. C'est en multipliant les
exécutions sanglantes qu'ils se flattent de briser les
obstacles et de faire taire toute opposition. Les proscriptions, les échafauds, c'est par là qu'ils inaugure-
ront ce qu'ils appellent dérisoirement la démocratie.

Ces rêves atroces forment un contraste frappant avec
la douceur des mœurs actuelles. Les peines, en général, ont été en s'atténuant. Le code pénal de 1810, qui
prodiguait la peine de mort et l'appliquait notamment
aux faux monnayeurs, serait regardé aujourd'hui
comme un anachronisme ; et, dès le commencement du
règne de Louis-Philippe, il a été revisé et adouci (1) ;
l'admission des circonstances atténuantes a permis de
graduer les peines, de tempérer la dureté des pres-
criptions légales. On s'est habitué à considérer les
peines, non plus comme une expiation, ni comme une
satisfaction exigée par la vengeance de la société, mais
comme un moyen de désarmer le coupable, de le corriger et de l'amener au bien. Cette manière de voir
implique l'abolition des châtiments irréparables. La

(1) Loi du 28 avril 1832.

sentiment d'humanité, en décrétant l'abolition de la peine de mort en matière politique (1). On a générale- peine de mort a été abolie dans plusieurs États où l'on a proclamé l'inviolabilité de la personne humaine. Dans ceux qui n'ont pas encore admis ce principe, on a réduit progressivement les applications de la peine de mort; en France, il n'y a plus qu'une vingtaine d'exé- cutions par an; encore ne conserve-t-on qu'à regret ce funèbre contingent pour obéir à une cruelle nécessité. Mais, en matière politique, l'esprit philosophique a gagné sa cause et a obtenu l'abolition de la peine de mort. On considère que les crimes politiques sont des faits dont l'appréciation morale varie suivant le point de vue où l'on se place; ces actes ne peuvent être ju- gés d'après les lois ordinaires; ce ne sont point des œuvres de perversité; souvent même ils sont empreints d'une sorte d'héroïsme, ils sont inspirés par le dé- vouement à une cause que leurs auteurs croient juste. On peut différer d'opinion sur le jugement qui leur convient; mais personne ne les confondra avec les véritables crimes, avec le vol et l'assassinat. Ce fut un mérite dont on doit savoir gré au gouvernement de Louis-Philippe, de n'avoir pas versé une seule goutte de sang pour crime politique, bien que les émeutes et les insurrections aient été fréquentes sous ce règne. Cette règle est consacrée par l'opinion publique, et les gouvernements en subissent les exigences. Le Gouver- nement provisoire se montra fidèle interprète de ce ment applaudi à cet acte de magnanimité. Si, en 1830, quelques forcenés avaient réclamé la tête de Polignac,

(1) Il est bon de rappeler cet acte mémorable.

« Le Gouvernement provisoire,

« Convaincu que la grandeur d'âme est la suprême politique,

personne, en 1848, ne demanda celle de M. Guizot. Le décret de 48 est de ceux qui répondent à la conscience publique, et sur lesquels il est impossible de revenir. On doit regarder comme définitive l'abolition de l'échafaud politique.

Il est triste de penser que ce concert de mansuétude est troublé par quelques voix dissidentes qui veulent faire rétrograder l'humanité et s'obstinent, non pas seulement à réclamer une satisfaction à la vindicte publique, mais à demander l'immolation de nombreuses victimes, le rétablissement de ce régime abhorré où l'échafaud était en permanence, comme un attribut caractéristique, comme moyen de gouvernement.

Cette soif de vengeance est due en partie à un engouement irréfléchi pour la période de 93. Au lieu d'en admirer les grandes choses, l'ardeur du patriotisme, la défense des principes sublimes de régénération et le

et que chaque révolution opérée par le peuple français doit au monde la consécration d'une vérité philosophique de plus ;

« Considérant qu'il n'y a pas de plus sublime principe que l'inviolabilité de la vie humaine ;

« Considérant que, dans les mémorables journées où nous sommes, le Gouvernement provisoire a constaté avec orgueil que pas un cri de vengeance ou de mort n'est sorti de la bouche du peuple ;

« Déclare,

« Que dans sa pensée, la peine de mort est abolie en matière politique, et qu'il présentera ce vœu à la ratification définitive de l'Assemblée nationale.

« Le Gouvernement provisoire a une si ferme conviction de la vérité qu'il proclame au nom du peuple français, que si les hommes coupables qui viennent de faire couler le sang de la France, étaient dans les mains du peuple, il y aurait à ses yeux un châtiment plus exemplaire à les dégrader qu'à les frapper.

« 26 février 1848. »

triomphe des droits de l'humanité, les hébertistes n'en contemplent que le mauvais côté, les horreurs sanguinaires, les persécutions tyranniques, les iniquités monstrueuses. Les héros de la Révolution ont rendu de très-grands services; mais il est bien peu de ces hommes dont la gloire soit sans tache et auxquels on puisse élever des statues. On nous dit qu'ils ont sauvé la patrie; mais rien ne prouve que de tels moyens fussent nécessaires pour la sauver. A qui fera-t-on croire qu'il fallait immoler un Malesherbes, un Condorcet, un Lavoisier, et tant d'autres hommes de bien? Nous comprenons que, pour intimider les ennemis de l'intérieur et de l'extérieur, on ait prononcé des peines terribles contre ceux qui se seraient rendus coupables d'actes d'hostilité ou de machinations contre la sûreté publique. Mais ce que rien n'excuse, c'est d'avoir fait la loi des suspects (17 septembre 1793), qui supprimait la liberté individuelle, enlevait toute sécurité, exposait les hommes les plus inoffensifs à être emprisonnés, puis frappés du dernier supplice. Ce qui est souverainement odieux, c'est ce système de terreur, qui rappelait les règnes des empereurs les plus exécrables, système qu'a si bien stigmatisé Camille Desmoulins, victime de sa courageuse protestation. La loi du 22 prairial an II avait concentré entre les mains de vils janissaires, décorés du titre de jurés, le sort de tous ceux qu'il plaisait au gouvernement de leur livrer; c'est alors qu'eurent lieu ces fournées où, pour abréger, on confondait pêle-mêle des gens inconnus les uns aux autres, qui, après un simulacre d'interrogatoire, étaient, sous prétexte de conspirations imaginaires, condamnés à mort et exécutés le jour même.

Rien ne peut justifier ces abominations, non plus que les infâmes massacres de septembre. Il y a une école historique, qui s'est éprise d'amour pour tous ces forfaits du terrorisme, qui en a glorifié les auteurs, les a dépeints comme les plus grands des citoyens, comme des modèles de vertus (1). Malheureusement, on ne s'est pas borné à les prendre pour sujets de thèses historiques; on a voulu les imiter, et c'est là un des articles les plus importants du programme des hébertistes.

Comment ce parti ne comprend-il pas que les circonstances ne sont plus les mêmes, et qu'il n'existe aujourd'hui rien de ce qui a pu motiver cette fièvre révolutionnaire? En 92, l'Europe était coalisée contre la France et avait annoncé, par le manifeste insolent de Brunswick, l'intention de la mettre à la raison, d'annuler toutes les conquêtes de la démocratie, de rétablir dans son intégrité l'ancien régime monarchique et féodal. Les Prussiens étaient entrés à Verdun, à quelques journées de Paris. Les aristocrates de l'intérieur s'entendaient avec l'étranger et faisaient cause commune avec les émigrés qui s'agitaient partout pour susciter des ennemis à la France. La Vendée était insurgée, Toulon livré aux Anglais. On ne pouvait faire face à tous ces dangers que par une énergie indomptable. L'ardeur patriotique s'exalta, devint une espèce de fureur! La population fut en proie à un délire qui ne lui permit plus de distinguer le juste de l'injuste ; on dévoua à la mort tous ceux qui semblaient s'opposer, si peu que ce fût, à la marche de la Révolution; et, de peur de laisser échapper quelques coupa-

---

(1) MM. Buchez et Roux, dans les préfaces de leur *Histoire parlementaire de la Révolution*, représentent Robespierre comme une espèce de Messie, un continuateur de Jésus-Christ. C'était un apôtre de la fraternité, et il a été méconnu!

bles, on ne craignit pas de sacrifier une foule d'inno-
cents. C'est là une crise extraordinaire. Certains faits
de cette époque peuvent se comparer à ce qui se passe
à bord d'un vaisseau battu par la tempête, canonné
par l'ennemi, privé de ses officiers et manœuvré par
des hommes inexpérimentés, au milieu desquels s'est
introduite la division. On ne songe alors qu'au salut,
on n'a pas le temps de peser la justice des résolutions
qu'on improvise. Mais aussi ces actes, s'il s'en trouve
de répréhensibles aux yeux de la morale, ne peuvent
être pris pour modèles.

Les hommes de la Révolution ont agi au milieu de la
tempête. Leurs actions blâmables sont dues en partie aux circonstances critiques au milieu desquelles
elles ont eu lieu. Mais les imiter aujourd'hui, dans des
circonstances toutes différentes, sacrifier des héca-
tombes humaines, emprisonner à tort et à travers, ce
serait une monstrueuse férocité. Espérons que ces
affreuses menaces ne seront que d'impuissantes bra-
vades.

On allègue les nécessités du *salut public*. Toutes les
tyrannies ont invoqué ce prétexte pour colorer leurs
crimes; la *raison d'État* est l'argument suprême qui
dispense de motiver les mesures les plus cruelles, les
plus iniques. C'est, sous une autre forme, la maxime
jésuitique, que la fin justifie les moyens... Non, la
société ne peut jamais demander, pour être sauvée,
qu'un innocent soit sacrifié; elle ne ressemble pas à
ces divinités farouches qui demandaient le sang d'une
vierge pour se laisser fléchir. L'État a pour fonde-
ment la justice : chaque fois qu'elle est violée, l'ordre
social est ébranlé. Les droits de tous les citoyens sont
menacés quand le droit d'un seul est méconnu.

Il est facile de montrer que le système de terreur

est, non-seulement odieux, mais encore insensé. Il
consiste à infliger des peines à des personnes qui,
sans être coupables d'aucune infraction prévue et carac-
térisée par la loi, sont suspectes, soit à cause de leurs
écrits, de leurs paroles ou même de leurs antécédants,
non conformes à l'orthodoxie gouvernementale, soit
même sans cause déterminée, et en vertu de cette espèce d'intuition qui permet de deviner des ennemis.
Alors ce n'est plus la justice qui décide, c'est l'esprit
de parti. Quiconque n'est pas un instrument docile et
zélé de la faction dominante, est incriminé et peut,
sans autre motif, être frappé du dernier supplice.
L'intimidation glace tous les esprits, chacun tremble
d'être compris dans une des fatales catégories. La
crainte rend lâche, provoque la délation, éteint tous
les sentiments généreux. Les seuls purs doivent être
préservés de la vengeance. Mais quels sont les purs?
Leurs rangs vont toujours en s'éclaircissant. Ainsi, la
Révolution atteignit d'abord les partisans de l'ancien
régime, puis les royalistes constitutionnels, puis les
républicains modérés. Une fois ces éliminations faites,
le parti vainqueur se subdivise; la pureté a ses nuan-
ces, et malheur à celui qui n'a pas trouvé la bonne !
On fauche d'une part les ultra-révolutionnaires, Hébert, Chaumette, etc., de l'autre les citra-révolution-
naires, Danton, Camille Desmoulins. Le Comité de
salut public reste debout sur les ruines des impurs.
Mais il se scinde en deux fractions. Le 9 thermidor
amène, avec la chute de Robespierre, celle de la terreur. Mais si l'issue de cette journée eût été diffé-
rente, le trio vainqueur, composé de Robespierre,
Saint-Just et Couthon, n'aurait pas tardé à se diviser;
une nouvelle lutte aurait eu lieu, et il ne serait resté
qu'un des dictateurs imposant sa volonté comme loi

suprême, contre laquelle on ne peut élever même un murmure, sans être coupable de sacrilége ou d'incivisme, ce qui revient au même. C'est une espèce de papauté, l'adoration d'un seul homme divinisé, devant lequel rampe une multitude asservie et dégradée. C'est là le dernier mot de l'hébertisme. C'est là qu'il serait entraîné par une pente irrésistible.

VIII

La France qui, par sa sublime révolution, a été l'initiatrice du genre humain, la France qui s'est illustrée par ses hommes de génie, qui a donné de si beaux exemples au monde, ne s'abaissera pas jusqu'à subir le joug du parti dont nous avons esquissé les théories et les projets. Elle saura sauvegarder ses libertés, reconquérir celles qu'elle s'est laissé enlever; et éclairée par l'expérience, elle n'ira pas, même dans les dangers les plus graves, aliéner son indépendance. Elle ne fera pas la faute de remettre ses destinées entre les mains de prétendus sauveurs, quels qu'ils soient. Elle se sauvera elle-même par le bon sens et le courage de ses citoyens. Et si des circonstances critiques exigent qu'elle confie momentanément des pouvoirs extraordinaires à un chef provisoire, elle prendra un Washington et non un *père Duchéne*.

FIN

Paris, — Jmprimerie. Ém. VOITELAIN et Cⁱᵉ, rue J.-J. Rousseau, 61.

Paris. — Imp. Emile Voitelain et Ce. 61, rue J.-J.-Rousseau.

.